Reinhard Abeln

Das Kinder-lexikon

zur Welt
des Glaubens

Vorwort

Liebes Mädchen, lieber Junge!

Wer ist Jesus? Wo liegt Betlehem? Was sind Propheten? Was feiern wir an Ostern? Was bedeutet Fronleichnam? Auf diese und zahlreiche andere Fragen gibt dieses Lexikon informative und hilfreiche Auskünfte. Es macht dich mit den wichtigsten Begriffen rund um den Glauben vertraut.

Über 500 Worte setzen sich mit den zentralen Inhalten des Glaubens auseinander. Es geht um Feste und Heilige, Orte und Personen der Bibel, Gottesdienst und Gotteshaus, kirchliches Brauchtum und christliches Leben, religiöse Gegenstände und Symbole u. a. m., was du am Zeichen, das sich bei jedem Begriff befindet, erkennen kannst. Die Zeichen sind auf der gegenüberliegenden Seite erklärt. Ein ausführliches Gesamtregister am Schluss des Lexikons ermöglicht dir einen schnellen Überblick der enthaltenen Begriffe.

Wenn du etwas nicht verstehst, frag deine Eltern oder älteren Geschwister, deinen Religionslehrer oder deinen Pfarrer! Sie werden dir nach Kräften helfen.

Mein Wunsch ist, dass du oft zu diesem Buch greifst – zu Hause, im Religionsunterricht, bei den Hausaufgaben, in der Gruppenstunde – und dadurch immer mehr im Glauben wächst. Mit der Zeit wirst du erkennen, wie schön es ist, ein gut informierter Christ zu sein.

Und nun viel Freude mit diesem Lexikon!

Reinhard Abeln

Symbolerklärung

Bibel

 Gottesdienst / Liturgie / Gebet

Engel / Heilige / Personen

 Kirchenjahr / Brauchtum

Kirche

 Gotteshaus

Sakramente / Sakramentalien

 Symbole

Glaube

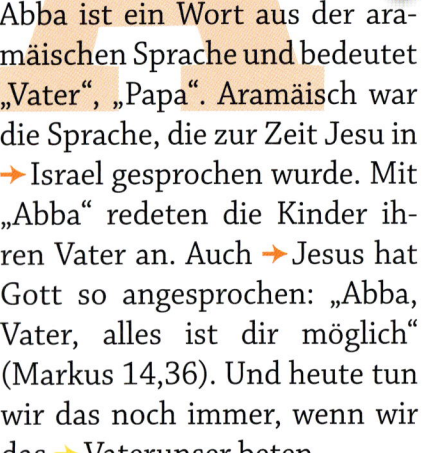

Abba

Abba ist ein Wort aus der aramäischen Sprache und bedeutet „Vater", „Papa". Aramäisch war die Sprache, die zur Zeit Jesu in → Israel gesprochen wurde. Mit „Abba" redeten die Kinder ihren Vater an. Auch → Jesus hat Gott so angesprochen: „Abba, Vater, alles ist dir möglich" (Markus 14,36). Und heute tun wir das noch immer, wenn wir das → Vaterunser beten.

Abendmahl, letztes

Kurz vor seinem Tod lud → Jesus seine → Jünger in → Jerusalem zu einem Festmahl – dem letzten Abendmahl – ein. Er aß mit ihnen Brot und trank mit ihnen Wein. So zeigte er ihnen: Ihr seid meine Freunde. Und Freunde gehören zusammen. Zuerst gab Jesus seinen Jüngern das Brot. Dabei sagte er ihnen: „Das ist mein Leib. Esst alle davon! Ich habe euch durch mein Leben gezeigt, dass Gott jeden Menschen liebt. Wenn ihr das Brot miteinander teilt, wird es euch daran erinnern." Dann gab Jesus seinen Jüngern den Kelch mit Wein und sagte: „Trinkt alle daraus! Das ist mein Blut. Ich bin da für euch. Ich bleibe bei euch. Erinnert euch daran, wenn ihr zusammenkommt" (Lukas 22,14-20/Markus 14,24). – Das Gedächtnis an das Mahl, das Jesus vor seinem Leiden und Sterben mit seinen Jüngern hielt und in dem Jesus Christus gegenwärtig ist, nennen die Katholiken → Messe, heilige Messe oder Eucharistiefeier.

Abraham

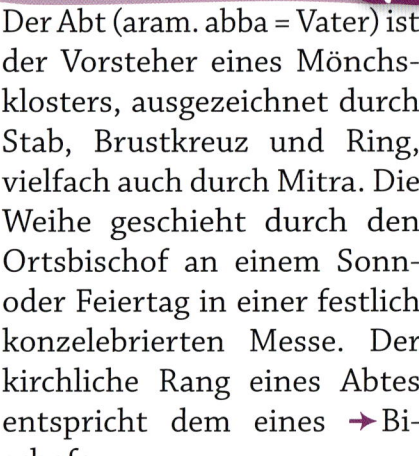

Abraham (hebr. = „Vater ist erhaben" oder „Vater der Völker") wurde von Gott erwählt, der Vorfahre aller Israeliten zu sein. Er zog auf Gottes Weisung mit seiner Familie aus Ur nach Kanaan, wo er sich in Mamre bei Hebron niederließ. Seine bis dahin kinderlose Frau Sara gebar ihm in hohem Alter einen Sohn mit Namen → Isaak. Gott prüfte Abrahams Glauben, als er ihn bat, seinen Sohn zu opfern. Als er Isaak gerade töten wollte, hinderte ihn Gott daran. Stattdessen opferte Abraham einen Widder (Genesis 22,1-19). Das Leben des „Vaters aller Glaubenden" wird wohl zwischen dem 19. und 17. Jahrhundert vor Christus anzusetzen sein.

Abt

Der Abt (aram. abba = Vater) ist der Vorsteher eines Mönchsklosters, ausgezeichnet durch Stab, Brustkreuz und Ring, vielfach auch durch Mitra. Die Weihe geschieht durch den Ortsbischof an einem Sonn- oder Feiertag in einer festlich konzelebrierten Messe. Der kirchliche Rang eines Abtes entspricht dem eines → Bischofs.

Adam und Eva

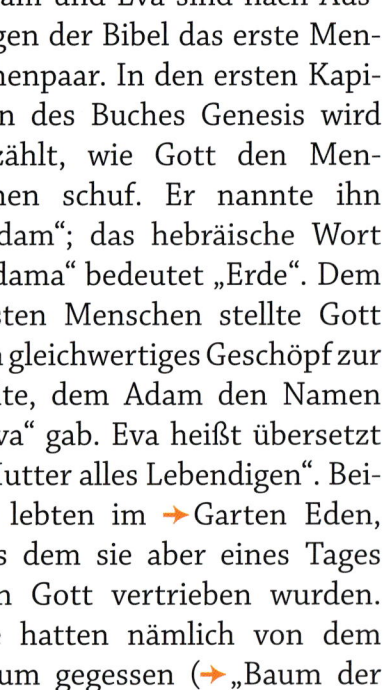

Adam und Eva sind nach Aussagen der Bibel das erste Menschenpaar. In den ersten Kapiteln des Buches Genesis wird erzählt, wie Gott den Menschen schuf. Er nannte ihn „Adam"; das hebräische Wort „adama" bedeutet „Erde". Dem ersten Menschen stellte Gott ein gleichwertiges Geschöpf zur Seite, dem Adam den Namen „Eva" gab. Eva heißt übersetzt „Mutter alles Lebendigen". Beide lebten im → Garten Eden, aus dem sie aber eines Tages von Gott vertrieben wurden. Sie hatten nämlich von dem Baum gegessen (→ „Baum der Erkenntnis"), von dem zu essen Gott ihnen verboten hatte. Adam und Eva hatten drei Söhne: Kain, Abel und Set.

Advent

Advent (lat. adventus = Ankunft, Erwartung) ist für Christen die vierwöchige Zeit der Vorbereitung auf → Weihnachten. Zwei schöne Dinge verraten uns, dass Advent ist und ein neues → Kirchenjahr beginnt: der → Adventskranz und die violetten Messgewänder, die der Priester als Zeichen der Besinnung und der Vorfreude jetzt zum Gottesdienst anzieht. Die Adventszeit stimmt ein auf die Feier des Kommens Jesu in diese Welt: Jesus wurde vor 2000 Jahren in → Betlehem als Mensch geboren; er kommt auch heute jeden Tag in unsere Gegenwart und er wird zurückkehren als Weltenrichter am Ende der Zeiten.

und weckt in uns die Vorfreude auf → Weihnachten, das Fest der Geburt Jesu. Wie die Frommen im Alten Bund, warten auch wir freudig auf die Ankunft des Gotteskindes.

Die grünen Zweige des Adventskranzes sind ein Zeichen des Lebens und der Hoffnung, die mit → Jesus in die Welt kommen. Die roten Kerzen sind ein Zeichen der Liebe Gottes, die uns an Weihnachten geschenkt wird. Und die violette Farbe der Schleifen, die manchen Adventskranz schmücken, sind ein

„Erfunden" hat den Adventskranz der evangelische Pfarrer Johann Hinrich Wichern (1808–1881) vor über 150 Jahren. Jeden Tag ließ er in der Adventszeit für die Kinder und Jugendlichen des Rauhen Hauses in Hamburg eine Kerze auf einem großen Tannenkranz entzünden. Am Heiligen Abend brannten dann 24 Kerzen. Da dieser Kranz sehr groß und schwierig herzustellen war, nahm man in späteren Jahren nur noch vier Kerzen, für jeden Sonntag im Advent eine.

Adventskranz

Das wohl bekannteste Symbol des Kirchenjahres ist der Adventskranz. Er begleitet uns durch die vierwöchige Adventszeit (→ Advent)

Zeichen der → Umkehr und der Sehnsucht.

Agnus Dei → Lamm (Gottes)

Albe

Die Albe (lat. albus = weiß) ist ein langes, weißes Untergewand, das der → Priester während der heiligen Messe unter dem Messgewand trägt (→ Kleidung, liturgische). Sie wird von einem Gürtel (→ Zingulum) zusammengehalten. Später hat sich aus der Albe das Rochett entwickelt.

Allerheiligen

Das Fest Allerheiligen wird am 1. November gefeiert. Die katholische Kirche denkt an diesem Tag an alle heiligen Menschen, die jetzt bei Gott im Himmel wohnen (➜ Heilige). In unseren Kirchen finden wir oft Bilder und Figuren von bekannten Heiligen, die meist mit einem Gegenstand abgebildet sind: ➜ Petrus mit einem Schlüssel, ➜ Barbara mit einem Turm oder Kelch, ➜ Nikolaus mit drei goldenen Kugeln. Gemeinsam mit den Heiligen loben und preisen wir ➜ Gott für seine Liebe. In der westlichen Kirche wird Allerheiligen seit dem 9. Jahrhundert offiziell gefeiert. Als Initiator des Festes gilt der mittelalterliche Theologe Alkuin.

Allerseelen

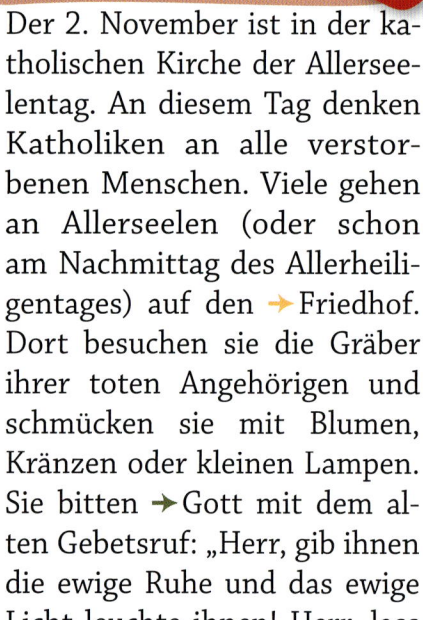

Der 2. November ist in der katholischen Kirche der Allerseelentag. An diesem Tag denken Katholiken an alle verstorbenen Menschen. Viele gehen an Allerseelen (oder schon am Nachmittag des Allerheiligentages) auf den ➜ Friedhof. Dort besuchen sie die Gräber ihrer toten Angehörigen und schmücken sie mit Blumen, Kränzen oder kleinen Lampen. Sie bitten ➜ Gott mit dem alten Gebetsruf: „Herr, gib ihnen die ewige Ruhe und das ewige Licht leuchte ihnen! Herr, lass sie ruhen in Frieden!" Das Allerseelengedenken ist seit dem 14. Jahrhundert in der ganzen römischen Kirche gebräuchlich.

Alpha und Omega

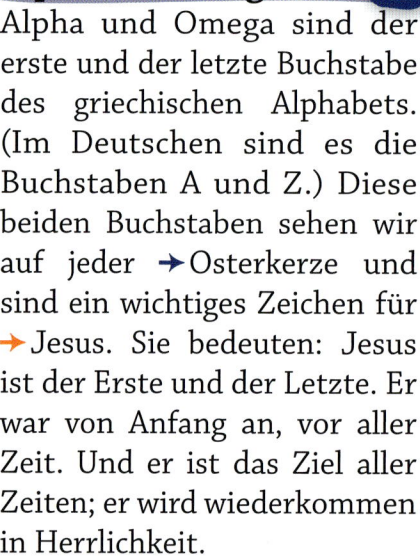

Alpha und Omega sind der erste und der letzte Buchstabe des griechischen Alphabets. (Im Deutschen sind es die Buchstaben A und Z.) Diese beiden Buchstaben sehen wir auf jeder ➜ Osterkerze und sind ein wichtiges Zeichen für ➜ Jesus. Sie bedeuten: Jesus ist der Erste und der Letzte. Er war von Anfang an, vor aller Zeit. Und er ist das Ziel aller Zeiten; er wird wiederkommen in Herrlichkeit.

Altar

An der wichtigsten Stelle in der ➜ Kirche steht der Altar. Der Altar, der schon im Brief des Apostels Paulus an die Hebräer (13,10) erwähnt wird, ist der Mittelpunkt bei jedem Gottesdienst.

Er ist der Tisch, an dem der ➜ Priester mit den Gläubigen das heilige Mahl feiert. Er kann aus Holz oder aus Stein sein. Auf dem Altar liegt ein weißes Altartuch. Weiße Tücher gehören zu einer Festtafel. In das Altartuch sind oft die Buchstaben IHS eingestickt. Diese Buchstaben, die auch auf Hostien gepresst werden, sind eine Abkürzung für Jesus. Gelegentlich wird gesagt, dass die Buchstaben IHS „Jesus, Heiland und Seligmacher" bedeuten. Auf/bei dem Altar steht/liegt ein ➜ Kreuz. Es erinnert uns an ➜ Jesus Christus, den Sohn Gottes. Jesus ist am Kreuz für uns gestorben. Einige Leute wollten seine Worte nicht verstehen und haben ihn getötet. Der Priester schaut

während der heiligen Messe oft zum Kreuz und verneigt sich vor ihm.

Auch schöne Blumen und → Kerzen stehen auf dem Altar. Blumen sind ein Zeichen der Freude. Wir freuen uns, dass Gott unter uns ist. Die Kerzen werden beim Gottesdienst angezündet. Sie geben Licht und Wärme und leuchten für uns alle. Sie machen unser Zusammensein feierlich.

Altes Testament

Die → Bibel beginnt mit dem Alten Testament. Man spricht auch vom „Ersten Bund" oder auch vom „Alten Bund". Im Alten Testament wird erzählt, was das Volk → Israel erlebt hat, bevor → Christus geboren wurde. Wir können darin lesen, wie Gott dieses Volk überall hin begleitete, wie er es durch gute und schlechte Zeiten führte, um ihm zu zeigen, dass er der einzige und wahre Gott ist.

Mit jeder Geschichte des Alten Testaments lernen wir Gott ein bisschen näher kennen. Wunderbare Geschichten sind darunter: Wie Gott dem → Mose beim brennenden Dornbusch seinen Namen sagte (Ich bin der „Ich-bin-da"); wie die Israeliten vierzig Jahre durch die Wüste wanderten; wie Gott dem Volk am Berg Sinai die → Zehn Gebote gab; wie der kleine → David den Riesen → Goliat besiegte …

Weil die Israeliten hebräisch sprachen, wurde fast das ganze Alte Testament, das aus 46 Büchern besteht, in dieser Sprache aufgeschrieben. Man nennt es deshalb auch die „hebräische Bibel". Die Schrift sieht sehr schön aus. Man liest sie nicht wie die deutsche von links nach rechts, sondern von rechts nach links. Die Schrift besteht nur aus Mitlauten, auf Selbstlaute wird durch Punkte hingewiesen.

Ambo (Lesepult)

In der Kirche steht neben dem → Altar ein Lesepult, der Ambo (griech. anabeino = ich steige hinauf). Auf ihm liegt ein Buch mit Worten aus der Bibel (Lektionar), aus dem beim Gottesdienst vorgelesen wird. Dabei geschieht etwas besonders Wichtiges: → Jesus ist mit seinem Wort mitten unter uns.

Der → Lektor (die Lektorin) liest am Lesepult die Lesungen vor, der Diakon oder Priester anschließend das Evangelium, das ist meistens eine Geschichte von Jesus. Wenn sie vorgelesen wird, stehen wir auf und hören aufmerksam zu.

Vom Ambo aus erklärt uns der → Priester auch die Frohe Botschaft. Er hält eine Predigt. Das heißt: Der Priester erklärt uns die Worte aus der Bibel. Er sagt uns, was Gott für uns getan hat und heute noch tut und was wir daraus lernen können. In manchen Kirchen gibt es noch eine Kanzel (eine Predigtbühne an einem Pfeiler), besonders in älteren Kirchen. Früher hat der Priester von der Kanzel aus gepredigt und das Wort Gottes erklärt. Heute wird das nur noch selten gemacht.

Amen

Das Wort „Amen" kommt aus dem Hebräischen, der Sprache im alten Israel, und bedeutet: „So sei es!" oder „Ja, so ist es!" Mit Amen wird eine Aussage verstärkt und für richtig erklärt. Christen und Juden beenden und bekräftigen damit ihre gesprochenen Gebete. Auch → Jesus gebraucht das Wort Amen, um die Wichtigkeit seiner Rede zu betonen: „Amen, amen, ich sage euch …"

Andacht

Die Andacht ist ein Gottesdienst mit Gebeten und Gesängen außerhalb der heiligen → Messe. Sie wird zu verschiedenen Zeiten und Anlässen gehalten, zum Beispiel die Kreuzwegandacht in der österlichen Bußzeit, die → Maiandacht im Marienmonat Mai, die Rosenkranzandacht am Samstagabend bzw. im Monat Oktober. Auch die → Vesper, das feierliche Abendgebet der Kirche, ist eine Andacht. Bei der Andacht wird den Gläubigen vom Priester der sakramentale Segen (→ Monstranz) gespendet. Das Wort Andacht hat noch eine zweite Bedeutung. Es meint die innere und äußere Sammlung beim Beten. „Nur wenn du stille bist, kann dir geholfen werden", sagt der Dichter Werner Bergengruen.

Andreas (Apostel)

Andreas (griech. = der Männliche) war der Bruder des Simon → Petrus und gehörte zu den zuerst berufenen Jüngern Jesu (Markus 1,16-18). Er stammte aus Betsaida am See Gennesaret und war wie sein Bruder ursprünglich Fischer. Nach → Pfingsten zog er wie die anderen Jünger hinaus und verkündete das Evangelium in den Ländern südlich des Schwarzen Meeres, auf dem Balkan und in Griechenland. Im Jahr 60 n. Chr. soll er in Patras den Märtyrertod erlitten haben. Er wurde an ein Kreuz mit schrägstehenden Balken – das sogenannte Andreaskreuz – geschlagen. Sein Festtag ist am 30. November.

Anker

Der Anker ist seit der frühen Kirche ein Symbol der Hoffnung. Er diente in biblischer Zeit nicht nur zum Festmachen des Schiffes, sondern auch zum Manövrieren. So wurde er bald zu einem Symbol für die göttliche Hilfe gegen die Stürme der Zeit. Der Christ hegt die Hoffnung, dass er in den Stürmen des Lebens nicht untergeht, sondern sicher in den Hafen der Ewigkeit gelangt.

Anna und Joachim

Anna und Joachim sind die Eltern der Gottesmutter → Maria. Ihre Namen werden in einigen Evangelien, die nicht in die Bibel aufgenommen wurden, genannt. Lebensdaten oder verlässliche Überlieferungen gibt es nicht. Seit dem 2. Jahrhundert werden Anna und Joachim verehrt. Der hebräische Name Anna bedeutet: „Gott hat sich erbarmt." Das Namensfest der Eltern Marias feiert die Kirche am 26. Juli.

Antonius von Padua, heiliger

Viele Menschen beten zum heiligen Antonius, wenn sie etwas verloren haben. Manche haben durch ihr Gebet das Verlorene auch wirklich wiedergefunden. Sie haben ganz fest daran geglaubt, dass der Heilige ihnen hilft. Antonius wurde in Portugal geboren (1195). Bei der

Taufe gaben ihm die Eltern den Namen Fernando. In der Schule gehörte der Junge zu den Besten. Mit 25 Jahren trat er in den Orden der Franziskaner ein. Dort bekam er den Namen Antonius. Der junge Mönch bat darum, Missionar werden zu dürfen. Diese Bitte wurde ihm erfüllt. Antonius wirkte in Italien. Zunächst lebte er in einem einsamen Bergkloster, dann zog er durch die Städte und Dörfer und verkündete die Frohe Botschaft von → Jesus. Er starb in Padua im Alter von 36 Jahren. Das Fest des Heiligen ist am 13. Juni.

Apokalypse

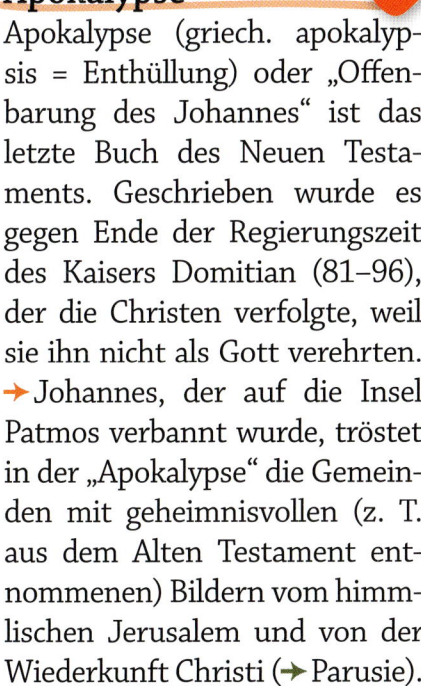

Apokalypse (griech. apokalypsis = Enthüllung) oder „Offenbarung des Johannes" ist das letzte Buch des Neuen Testaments. Geschrieben wurde es gegen Ende der Regierungszeit des Kaisers Domitian (81–96), der die Christen verfolgte, weil sie ihn nicht als Gott verehrten. → Johannes, der auf die Insel Patmos verbannt wurde, tröstet in der „Apokalypse" die Gemeinden mit geheimnisvollen (z. T. aus dem Alten Testament entnommenen) Bildern vom himmlischen Jerusalem und von der Wiederkunft Christi (→ Parusie).

Apostel

Apostel (griech. apostolos = Gesandter, Bote) werden die zwölf von → Jesus berufenen → Jünger genannt. Die Namen der Zwölf sind: Simon, genannt Petrus, sein Bruder Andreas, Jakobus, der Sohn des Zebedäus, sein Bruder Johannes, Philippus und Bartholomäus, Thomas und Matthäus, der Zöllner, Jakobus, der Sohn des Alphäus, und Thaddäus, Simon Kananäus und Judas Iskariot, der ihn später verraten hat (Matthäus 10,2-4). Jesus hat die Apostel ausgesandt, um das Evangelium zu verkünden. Die Apostel gelten als das Fundament der Kirche (Brief an die Epheser 2,20). Sie werden darum in jeder heiligen Messe im eucharistischen → Hochgebet genannt und ihr Gedenken in jedem Jahr als Fest begangen. – In späterer Zeit werden neben den zwölf Jüngern auch andere Verkündiger der Frohen Botschaft von Jesu Leben, Sterben und Auferstehung als Apostel bezeichnet.

Apostelgeschichte

Die Apostelgeschichte (Abkürzung: Apg) ist ein Buch des → Neuen Testaments und

ist zwischen 80 und 90 n. Chr. entstanden. Es berichtet hauptsächlich von der Tätigkeit der Apostel → Petrus und → Johannes, den Missionsreisen des → Paulus und der Ausbreitung der Kirche nach Jesu Auferstehung. Als Verfasser gilt der Evangelist → Lukas, der z. T. an den Reisen des Paulus teilgenommen hat und dem auch das dritte Evangelium zugeschrieben wird.

Apostelleuchter

Als Apostelleuchter bezeichnet man die zwölf Leuchter, die im Kirchenschiff verteilt angebracht sind und auf denen an besonderen Tagen Kerzen brennen. Diese zwölf Leuchter bedeuten die zwölf → Apostel, auf deren Fundament die Kirche erbaut ist. Die Zwölf, die → Jesus zu seinen engsten Mitarbeitern erwählte, sind die Ersten, von denen das Wort Jesu gilt: „Ihr seid das Licht der Welt."

Apostolisches Glaubensbekenntnis (Credo)

Das Apostolische Glaubensbekenntnis sprechen wir jeden Sonntag in der heiligen → Messe. Wir nennen es auch

„Credo", das ist lateinisch und bedeutet „Ich glaube". Dieses Gebet gibt es schon seit über 1500 Jahren. Es ist ein Bekenntnis zum dreifaltigen → Gott und zur → Kirche.

In Kurzform enthält das Apostolische Glaubensbekenntnis alle wichtigen Inhalte unseres Glaubens:

Wir glauben an *Gott*. Er ist unser guter *Vater*. Er hat alles gemacht. Und wir sind seine Kinder.

Wir glauben an → *Jesus Christus*. Er ist Gottes Sohn und brachte Gottes Liebe auf die Erde. Doch dann wurde er ans Kreuz geschlagen und starb für uns. Gott aber hat ihn auferweckt und gab ihm neues Leben. Jesus lebt, er ist bei uns und wir sind seine Kirche. Wir glauben an den → *Heiligen Geist*, den Jesus uns gibt. Er schenkt uns neues Leben. Und wir dürfen leben mit Gott.

Apsis

Apsis ist die Bezeichnung für den halbrunden Abschluss des Altarraums einer → Kirche (Kathedrale). Ein anderer Name ist auch „Chor", der vor allem dem Klerus Platz bietet.

Aquin, Thomas von
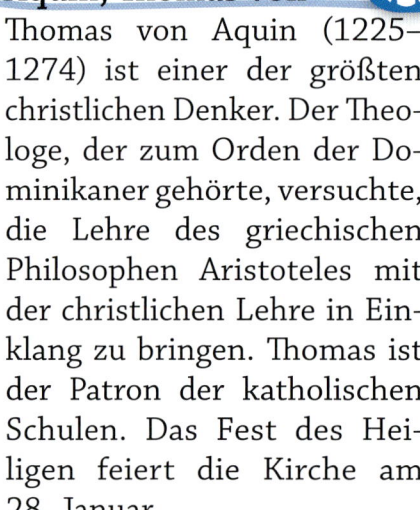

Thomas von Aquin (1225–1274) ist einer der größten christlichen Denker. Der Theologe, der zum Orden der Dominikaner gehörte, versuchte, die Lehre des griechischen Philosophen Aristoteles mit der christlichen Lehre in Einklang zu bringen. Thomas ist der Patron der katholischen Schulen. Das Fest des Heiligen feiert die Kirche am 28. Januar.

Aschermittwoch

Mit dem Aschermittwoch beginnt die → Fastenzeit (→ Passionszeit). An diesem Tag zeichnet der Priester (Diakon) beim Gottesdienst den Gläubigen mit Asche ein Kreuz auf die Stirn und sagt dabei: „Bedenke, Mensch, dass du Staub bist und wieder zum Staub zurückkehren wirst", oder auch: „Bekehrt euch und glaubt an das Evangelium!" Die Asche für die Spendung des Aschenkreuzes stammt aus den verbrannten Palmzweigen des Vorjahres und ist ein Symbol für Vergänglichkeit, Buße und Reue. Früher wurde Asche auch als Reinigungsmittel verwendet und ist darum auch ein Zeichen für die Reinigung der Seele geworden. Der Aschermittwoch ist ein gebotener Fasttag.

Audienz

Audienz heißt der Empfang, den der → Papst immer wieder Menschen im Vatikan gewährt. Das Privatgespräch findet in der Regel in der vatikanischen Bibliothek, einem als Arbeitszimmer eingerichteten Saal, statt. Für die wöchentlichen Generalaudienzen des Papstes steht die große Audienzhalle zur Verfügung, die bis zu 20 000 Besucher aufnehmen kann.

Augustinus, heiliger

Augustinus (354–430), Sohn der heiligen → Monika, ist einer der vier abendländischen Kirchenväter. Er war Bischof von Hippo in Nordafrika. Eines Tages, so erzählt die Legende, sah er am Sandstrand des Mittelmeeres ein Kind, das Wasser aus dem Meer in eine kleine Sandgrube löffelte. Auf seine Frage, was es dort tue, sagte das Kind: „Eher bekomme ich das Meer in die kleine Grube, als dass du, obwohl du so gescheit bist, die Wahrheit des großen Gottes in deinen Kopf bekommst." Augustinus wird oft auf Bildern mit Kind und Löffel dargestellt. Das Fest des Heiligen feiert die Kirche am 28. August.

Augustus, röm. Kaiser

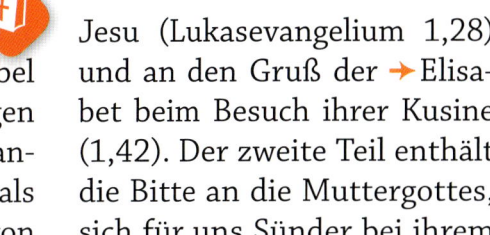

Augustus (lat. = Erhabener) war römischer Kaiser zwischen 31 v. Chr. und 14 n. Chr. In seiner Regierungszeit wurde → Jesus geboren (Lukas 2,1). Er erließ den Befehl, alle Bewohner des Römischen Reiches in Steuerlisten einzutragen.

Aussätzige

Aussätzige sind in der Bibel Menschen mit einer bösartigen und ansteckenden Erkrankung der Haut. Sie galten als unrein und mussten sich von den Wohngebieten der Menschen fernhalten. Sie durften weder in die Stadt Jerusalem noch am Gottesdienst teilnehmen. → Jesus heilte wiederholt Aussätzige, indem er seine Hand ausstreckte und sie berührte (z. B. Markus 1,40-45). Sie wurden rein und konnten wieder in der menschlichen Gemeinschaft leben.

Ave Maria

Das „Gegrüßet seist du, Maria", das wir auf Lateinisch auch „Ave Maria" nennen, ist das bekannteste und beliebteste aller Mariengebete. Viele Menschen beten es täglich – am Morgen, am Mittag, am Abend oder irgendwann am Tag.
Der erste Teil des Gebets erinnert an den Gruß des Engels → Gabriel an Maria bei der Ankündigung der Geburt Jesu (Lukasevangelium 1,28) und an den Gruß der → Elisabet beim Besuch ihrer Kusine (1,42). Der zweite Teil enthält die Bitte an die Muttergottes, sich für uns Sünder bei ihrem Sohn → Jesus einzusetzen.

Das Ave Maria lautet: „Gegrüßet seist du, Maria, voll der Gnade, der Herr ist mit dir. Du bist gebenedeit (= gesegnet) unter den Frauen und gebenedeit ist die Frucht deines Leibes, Jesus. Heilige Maria, Mutter Gottes, bitte für uns Sünder jetzt und in der Stunde unseres Todes. Amen."

B

Baal

Baal (hebr. = Herr, Besitzer) war der Name für den Wetter- und Fruchtbarkeitsgott im Land Kanaan. Aber auch einige Ortsgottheiten, die in Kanaan und Syrien verehrt wurden, wurden „Baale" genannt. Propheten wie → Elija und Hosea verurteilten und bekämpften Baal (und seine Partnerin Aschera) und stellten ihm → JAHWE als einzig wahren Gott gegenüber (1 Könige 18, 16-40; Hosea 8,6; Hosea 9,10).

Babel (Babylon)

Babel oder Babylon („Tor Gottes"), im südlichen Zweistromland am Ufer des Flusses Euphrat gelegen, ist der Name des Ortes, an dem die ersten Menschen einen Turm bauen wollten, der bis in den Himmel reichen sollte. Doch Gott vereitelt ihr hochmütiges Vorhaben: Er verwirrt ihre Sprache, sodass keiner mehr die Sprache des anderen versteht, und zerstreut die Menschen über die ganze Erde (Genesis 11,1-9). Die Erzählung vom Turmbau zu Babel will die Entstehung der Sprach- und Völkervielfalt auf der Welt erklären.

Babylonische Gefangenschaft

Im Jahr 588 v. Chr. zogen die Babylonier unter König Nebukadnezzar in das Königreich → Juda ein, eroberten → Jerusalem, plünderten Palast und → Tempel und steckten die ganze Stadt in Brand. Die Einwohner von Jerusalem führten sie samt ihrem König mit sich in die Gefangenschaft nach Babylon (2 Könige 25,1-21; 2 Chronik 26,15-21; Jeremia 52,1-30). Fünfzig Jahre dauerte die Zeit der Gefangenschaft. 539 v. Chr. eroberte der persische König Kyrus das Babylonische Reich und erlaubte den Juden, nach Jerusalem zurückzukehren und den zerstörten Tempel wiederaufzubauen.

Baldachin

Der Baldachin (ital. baldocca = Bagdad) ist ein Tragehimmel – ein schützendes Dach – über dem Allerheiligsten, das der → Priester bei Prozessionen, etwa am Fronleichnamsfest, in der → Monstranz durch Straßen und Felder trägt. Er ist benannt nach einem in Italien verarbeiteten Stoff aus Bagdad.

Barabbas

Barabbas (aram. = Sohn des Vaters) hieß der Straßenräuber, dessen Freilassung anstelle von → Jesus die Juden von → Pilatus forderten. Um die wütende Menge zufrieden zu stellen, gab Pilatus den Räuber anstelle von Jesus frei (Matthäus 27,15-26).

Barbara, heilige

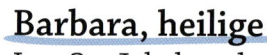

Im 3. Jahrhundert, als viele Christen verfolgt und getötet wurden, lebte Barbara mit ihrem Vater, einem reichen Kaufmann, in der heutigen Türkei. Die reichsten und wohlhabendsten Jünglinge warben um das schöne Mädchen, doch Barbara hatte unter den Christen ihre Freunde gefunden und ließ sich heimlich taufen, als der Vater wieder einmal auf Reisen war. Als dieser das erfuhr, war er darüber sehr erbost. Er sperrte sie in einen finsteren Turm und übergab sie dem Statthalter.
Auf dem Weg ins Gefängnis – so erzählt die Legende – ver-

fing sich ein Zweig in ihrem Kleid. Barbara stellte ihn in einen Krug mit Wasser, und als sie zum Tod verurteilt wurde, war der Zweig erblüht. „Du schienst wie tot", sagte das Mädchen, „aber du bist aufgeblüht zu neuem Leben. So wird es auch bei mir sein. Nach meinem Tod werde ich erblühen zu neuem, ewigen Leben." Im Jahre 306 ist Barbara für ihren Glauben gestorben. Ihr Fest ist am 4. Dezember.

Bartholomäus

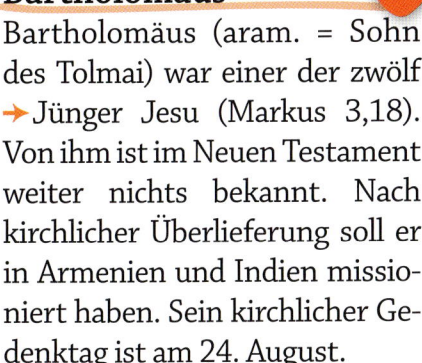

Bartholomäus (aram. = Sohn des Tolmai) war einer der zwölf → Jünger Jesu (Markus 3,18). Von ihm ist im Neuen Testament weiter nichts bekannt. Nach kirchlicher Überlieferung soll er in Armenien und Indien missioniert haben. Sein kirchlicher Gedenktag ist am 24. August.

„Baum der Erkenntnis"

Der Baum der Erkenntnis war ein Baum im → Garten Eden, von dessen Früchten → Adam und Eva laut Gottes Anweisung nicht essen durften. Was für ein Baum dies war, ist nicht bekannt. Das Buch Genesis (3,6) spricht nur davon, dass der Baum eine Augenweide war und

köstliche Früchte trug. Literatur und Kunst sprechen meistens von einem Apfelbaum.

Becket, Thomas, heiliger

Thomas Becket wurde 1118 in London geboren. Nach Studien in Paris und Bologna trat er als Sekretär in die Dienste des Erzbischofs Theobald von Canterbury. König Heinrich II. ernannte ihn 1155 zum Lordkanzler und 1162 zum Erzbischof von Canterbury und Primas von England. Zwischen König und Erzbischof kam es im Laufe der Jahre zum offenen Konflikt: Becket weigerte sich energisch, die Kirche von England unter die Vormacht des Staates zu stellen. Der Erzbischof floh vor dem König 1164 nach Frankreich, kehrte aber nach sechs Jahren Verbannung nach England zurück. Am 29. Dezember 1170 wurde Becket in seiner Kathedrale von Rittern des Königs mit dem Schwert erschlagen. Bereits drei Jahre später wurde der Erzbischof heiliggesprochen. Sein Festtag ist am 29. Dezember.

Begräbnis

Das kirchliche Begräbnis ist die Beisetzung eines Verstorbenen

auf einem → Friedhof oder Gottesacker. Die Feier leitet in der Regel ein Priester oder Diakon. Ministranten oder auch der Küster (Mesner) der Gemeinde tragen Weihwasser und/oder ein Vortragekreuz mit zum Grab. Häufig geht dem Begräbnis ein → Requiem, eine heilige Messe für den Verstorbenen, voraus.

Beichte → Bußsakrament

Beichtstuhl

Hinten in der Kirche oder an den Seiten des Gotteshauses stehen Beichtstühle. Sie sehen aus wie Schränke. Darin empfangen katholische Christen das Sakrament der Versöhnung, der Buße (→ Bußsakrament). Der Priester sitzt in der Mitte auf einem Stuhl und der Beichtende kniet sich links oder rechts auf ein Bänkchen, um ihm durch eine durchlässige Trennwand seine Sünden zu sagen. Heute wünschen sich viele Menschen stattdessen ein normales Gespräch mit einem Priester in einem Beichtzimmer. Das finden sie viel schöner, weil sie dann – im Unterschied zum Beichtstuhl – den Priester sehen und sich ganz ungestört mit ihm über ihre Verfehlungen unterhalten können.

Benedikt von Nursia, heiliger

Benedikt (benedictus = der von Gott Gesegnete) wurde um 480 in Nursia (Norcia) in Mittelitalien geboren. Seine Eltern stammten aus dem wohlhabenden römischen Landadel. Zunächst studierte er Rechtswissenschaften in Rom, brach aber dann das Studium wegen des ausschweifenden Lebens seiner Mitstudenten ab. Benedikt zog sich in die Einsamkeit der Berge zurück, dachte nach und betete. Mit jungen Männern, die sich ihm anschlossen, gründete er auf dem Montecassino bei Rom ein Kloster, dem er eine feste Regel gab. Noch heute beten und arbeiten die Benediktiner auf der ganzen Welt nach dieser berühmten Regel. 547 starb Benedikt in Montecassino – im Gebet aufrecht vor dem Altar stehend. Von Pius XII. wurde Benedikt zum „Pater Europae" (Vater Europas) und von Paul VI. 1964 zum Schutzpatron des Abendlandes ernannt. Sein Fest ist am 11. Juli.

Bergpredigt

Die Bergpredigt ist eine längere Rede, die → Jesus von einem Berg aus an eine größere Menschenmenge hält. Matthäus schreibt: „Als Jesus die vielen Menschen sah, stieg er auf einen Berg. Er setzte sich und seine Jünger traten zu ihm. Dann begann er zu reden und lehrte sie" (5,1). In dieser großen Rede zeigt Jesus den Menschen zahlreiche Lebens- und Verhaltensregeln auf, von denen sich viele schon im → Alten Testament finden. Die Bergpredigt steht im Matthäusevangelium in den Kapiteln 5 bis 7. Sie findet sich ähnlich, aber wesentlich kürzer, auch im Lukasevangelium (6,20-49) und wird dort als Feldrede bezeichnet.

Bernadette Soubirous

Bernadette Soubirous (1844-1879) hütete die Schafherde ihrer Eltern. Eines Tages sah sie über der Grotte von Lourdes in Frankreich die Muttergottes. „Ich bin die Unbefleckte Empfängnis", sagte ihr die Jungfrau → Maria. Es dauerte lange, bis die Leute Bernadette glaubten, doch dann wanderten sie zu Hunderten, ja Tausenden zur Grotte. Sie wollten den Ort der Marienerscheinungen erleben. So ist es bis heute geblieben. Viele Menschen wallfahren nach Lourdes und kommen getröstet, manchmal sogar geheilt, wieder nach Hause. Bernadette trat nach den Marienerscheinungen in Nevers in ein Kloster ein. Ihr Namensfest feiert die Kirche am 16. April.

Berufung

Von Ordensleuten und Priestern heißt es, dass sie von Gott „berufen" sind, wenn sie ihr Leben in den Dienst des Evangeliums stellen. Was heißt das? Berufung meint eine tiefe Erfahrung der Anwesenheit Gottes im eigenen Herzen. Gott übt eine solche Anziehungskraft auf einen Menschen aus, dass dieser sich von ihm angesprochen fühlt und daraufhin sein Leben ändert. Eine Berufung ist mit dem Zustand des Verliebtseins vergleichbar. Man fühlt sich von einem anderen so deutlich angesprochen, dass man sich zueinander hingezogen fühlt und sich füreinander entscheidet.

Beten

Beten heißt Sprechen mit → Gott. Man nimmt sich Zeit für Gott, weil man spürt, dass er einen liebt und weil man ihn auch lieben möchte. Wir können mit Gott sprechen wie mit unserem besten Freund. Wir können ihm „alles" sagen, was uns auf dem Herzen liegt. Wir können ihm erzählen, was wir erlebt haben, worüber wir uns freuen und was uns Angst macht. Auch → Jesus hat gebetet. Er hat sich gefreut über das, was Gott ihm geschenkt hat. Oft suchte er mit seinen Jüngern einen einsamen Ort auf, um in der Stille mit ihm zu sprechen. Er hat auch seine

Jünger auf deren Bitte hin beten gelehrt (→ Vaterunser).

Betlehem

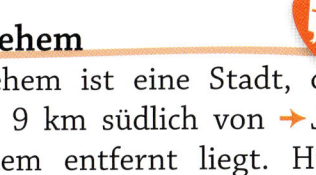

Betlehem ist eine Stadt, die etwa 9 km südlich von → Jerusalem entfernt liegt. Hier wurde nach den biblischen Berichten → David geboren und zum König gesalbt. Hier kam vor über 2000 Jahren → Jesus in einer Felsenhöhle zur Welt (Lukas 2,1-20). Im Mittelpunkt Betlehems steht die fünfschiffige Geburtskirche, die der Tradition nach über dem Geburtsort Jesu errichtet wurde, sowie der angrenzende Krippenplatz. Die Stadt Betlehem hat heute rund 35 000 Einwohner und ist seit 1996 Teil der autonomen Palästinensergebiete.

Bibel

Die Bibel – ein „Bestseller" auf dem Buchmarkt – sieht aus wie ein Buch, ist aber in Wirklichkeit mehr als ein Buch. Sie ist eine Büchersammlung, eine „Bibliothek" von Büchern, die alle auf sehr verschiedene Weise vom Weg Gottes mit den Menschen erzählen. Insgesamt besteht die Bibel aus 73 Büchern.

Unter diesen 73 Büchern gibt es sehr lange Bücher, aber auch sehr kurze, Erzählungen und Geschichten, Gedichte und Gesetze, Lieder, Regeln und Gebete, Sprichwörter und Briefe. Im Jahr 1521 hat der Reformator Martin → Luther die Bibel ins Deutsche übersetzt.

Früher, als die Bibel geschrieben wurde, gab es noch keine gebundenen Bücher. Da haben die Leute mit der Hand auf Bögen geschrieben, die zusammengerollt wurden. Ein Teil solcher „Schriftrollen" war aus einer Art Papier, hergestellt aus der Papyrusstaude, ein anderer Teil aus Pergament, gewonnen aus Schafs- und Ziegenhäuten. Die ältesten Handschriften aus Pergament wurden im Jahr 1947 in den Höhlen bei Qumran am Toten Meer gefunden. Sie waren in Tonkrügen aufbewahrt. Besonders berühmt ist der Fund der Jesaja-Rolle, die fast vollständig erhalten ist. Sie entstand ungefähr 200 Jahre vor Christi Geburt und ist somit über 2200 Jahre alt.

Um das Jahr 1456 – also vor über 550 Jahren – wurde von Johannes → Gutenberg die Druckerkunst erfunden. Nun mussten die Bibeltexte nicht mehr mühsam mit Feder und Tinte abgeschrieben werden.

Jetzt wurde die Bibel zum ersten Mal gedruckt. So ist auch verständlich, dass man seitdem die Bibel einfach „das Buch" nannte.

Bischof

Der Bischof leitet die katholische Kirche in einem → Bistum. Er trägt die letzte Verantwortung dafür, dass in den Gemeinden die drei Grunddienste der Kirche verwirklicht werden: Verkündigung, Gottesdienst und Dienst am Nächsten. Der Bischof wird vom → Papst ernannt. Alle fünf Jahre fährt er zur Berichterstattung und

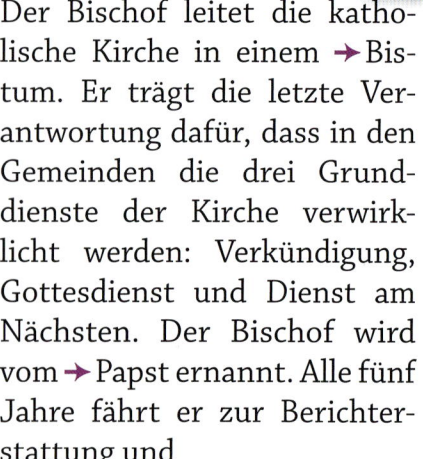

Beratung zum Papst nach → Rom. Er spendet die Diakonats-, Priester- und Bischofsweihe sowie das Sakrament der → Firmung. Außerdem weiht er neue Kirchen und Altäre. In Hirtenbriefen nimmt der Bischof zu aktuellen Themen vom Glauben her Stellung.

Bischofsstab

Der Stab ist neben der → Mitra ein Erkennungszeichen eines Bischofs. Er ist oft kunstvoll gestaltet und besitzt am oberen Ende eine Krümme. Der Bischof benutzt den Stab beim feierlichen Gottesdienst (beim Ein- und Auszug, bei der Verkündigung des Evangeliums, bei der Predigt und beim Segen) und bei Prozessionen. Der Stab weist auf das Hirtenamt hin, das dem Bischof von → Jesus übertragen ist.

Auch Äbte (→ Abt), denen die Hirtensorge für die Klosterfamilie anvertraut ist, erhalten bei der

Weihe einen Stab (Abtsstab). Ebenso tragen Äbtissinnen in der Regel einen solchen Stab.

Bistum

Das Bistum oder die Diözese (griech. dioikesis = Verwaltungsbezirk) ist die einem → Bischof unterstellte Ortskirche. Diese ist wiederum in einzelne Dekanate und Pfarreien eingeteilt, die von Dechanten (Dekanen) bzw. Pfarrern geleitet werden. In Deutschland gibt es insgesamt 20 Bistümer und 7 Erzbistümer, die jeweils nach ihrem Bischofssitz benannt werden, zum Beispiel Bistum Eichstätt, Bistum Hildesheim oder Bistum Magdeburg. Alle Bistümer auf der Erde bilden zusammen die Weltkirche.

Bitttage

Bitttage sind die drei Tage vor dem Fest → Christi Himmelfahrt. In manchen Kirchengemeinden ziehen die Gläubigen an diesen Tagen mit Prozessionen durch Felder und Wiesen und erbitten von Gott ein gutes Gedeihen und Wachsen der Ernte. Man nennt die Prozessionen auch „Öschprozessionen".

Blasius, heiliger

Blasius, so erzählt die Legende, war ursprünglich Arzt. Zu Beginn des 4. Jahrhunderts wurde er Bischof von Sebaste in Armenien (heute Türkei). Während seiner Amtszeit fielen die Christenverfolger von Kaiser Diokletian in Sebaste ein und warfen neben vielen anderen Christen auch den Bischof in den Kerker.

Eines Tages stürzte der Gefängniswärter in die Zelle des Bischofs. Er hatte einen Jungen auf dem Arm, dessen schwarzblaues Gesicht von Erstickungsanfällen gezeichnet war. „Rette mein Kind, Blasius, sonst stirbt es!", rief der verzweifelte Vater. Blasius griff geschickt mit den Fingern in den Hals des Kindes und zog eine Fischgräte heraus. „Siehst du, durch so eine kleine Gräte kann Gott unserem Leben ein Ende machen", sagte Blasius zu dem Jungen. „Vergiss es nie, wir stehen alle in seiner Hand!" Einen Tag später – es war im Jahr 316 – wurde der Bischof, der bis zuletzt an seinem Glauben festgehalten hat, und mit ihm 40 weitere Christen hingerichtet. Sein Andenken lebt bis heute fort im ➜ Blasiussegen, der am 3. Februar, dem Festtag des Heiligen, gespendet wird.

Blasiussegen

Der Blasiussegen ist kein Ersatz für die Grippeschutzimpfung. Trotzdem gehen viele Menschen am 3. Februar, am Gedenktag des heiligen ➜ Blasius, in die Kirche, um sich segnen zu lassen. Bei diesem christlichen Brauch legt der ➜ Priester (Diakon) zwischen zwei brennende Kerzen die Segenshand und betet: „Durch die Fürbitte des heiligen Blasius befreie dich Gott von jedem Halsleiden und jedem anderen Leiden. Im Namen des Vaters und des Sohnes und des Heiligen Geistes. Amen."

Bonhoeffer, Dietrich

Dietrich Bonhoeffer ist einer der bekanntesten protestantischen Theologen in Deutschland. Er wurde 1906 in Breslau geboren. Ab 1935 leitete er das illegale Priesterseminar in Finkenwalde. Aufgrund seines Widerstandes gegen das nationalsozialistische Regime wurde er verhaftet und 1945 im Konzentrationslager Flossenbürg hingerichtet. Bonhoeffer schrieb das Gedicht „Von guten Mächten treu und still umgeben" (Evangelisches Gesangbuch Nr. 65), zu dem später mehrere Melodien komponiert wurden. Die sieben Strophen legte er am 19.12.1944 dem letzten Brief an seine Braut Maria von Wedemeyer als Weihnachtsgruß bei.

Bonifatius, heiliger

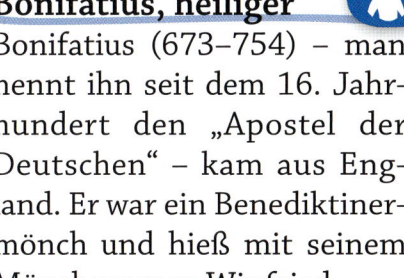

Bonifatius (673–754) – man nennt ihn seit dem 16. Jahrhundert den „Apostel der Deutschen" – kam aus England. Er war ein Benediktinermönch und hieß mit seinem Mönchsnamen Winfried.

Bonifatius hat die Frohe Botschaft von ➜ Jesus Christus in weiten Teilen Deutschlands verbreitet. Überall gründete er Bistümer, baute Klöster, weihte Priester und ordnete das Leben der Kirche. In Mainz ließ er sich als Bischof nieder. Bei einer Missionsreise nach Friesland wurde Bonifatius getötet. Zum Schutz hielt er eine Bibel über sich. Darum wird er mit einem Buch dargestellt, durch das ein Schwert geschlagen ist. Das Grab des Heiligen ist in Fulda. Hier versammeln sich seit 1869 die deutschen Bischöfe einmal im Jahr zu ihren großen Konferenzen. Das Fest des heiligen Bonifatius ist am 5. Juni.

Bosco, Johannes

Johannes Bosco, eigentlich Giovanni (Don) Bosco (1815–1888), war ein italienischer Priester, der sich in der Großstadt Turin um heimatlose und verwahrloste Kinder und Jugendliche kümmerte. Er errichtete Heime und Schulen, gründete Ausbildungsstellen und begeisterte die Jungen für den Glauben an → Jesus Christus. Don Bosco sammelte im Laufe der Zeit viele Helfer um sich, die sich Salesianer nannten. Mit Maria Mazzarello fand er eine Mitarbeiterin, die sich um hilfsbedürftige Mädchen sorgte. Heute gibt es auf der ganzen Welt Schulen, Ausbildungsbetriebe und Jugendhäuser, die nach Don Bosco benannt sind. Seinen Festtag feiert die Kirche am 31. Januar.

Bote Gottes → Engel

Brotbrechen

Nach dem → Vaterunser und dem Gebet für den Frieden bricht der → Priester in der heiligen → Messe eine oder mehrere Hostien in mehrere Teile, die bei der Kommunionausteilung den Gläubigen gereicht werden. So hat es schon → Jesus

gemacht: „Während des Mahls nahm Jesus das Brot und sprach den Lobpreis; dann brach er das Brot, reichte es den Jüngern und sagte: Nehmt und esst; das ist mein Leib" (Matthäus 26,26). Die Praxis des Brotbrechens will verdeutlichen: Wir sollen alle von dem einen Brot essen, weil wir alle zusammengehören. Jesus hat uns zusammengeführt und will, dass alle mit ihm und untereinander verbunden sind.

„Brot des Lebens"

Mit dem Wort „Brot des Lebens" ist → Jesus gemeint. Jesus hat seinen Jüngern – und uns – gesagt: „Ich bin das Brot des Lebens. Ich bin das lebendige Brot, das vom Himmel herabgekommen ist. Wer von diesem Brot isst, wird in Ewigkeit leben" (Johannes 6,51). Wenn wir in der Eucharistiefeier das heilige Brot empfangen, ist Jesus ganz nah bei uns. Er will uns mit diesem Brot Nahrung und Kraft für unser Leben geben. Er will Speise sein für

unser „Herz", damit wir erfüllt und glücklich leben können.

Brot und Wein

Bei der Feier der heiligen → Messe sehen wir auf dem → Altar Brot und Wein – die heiligsten Zeichen, die Christen haben. Das Brot liegt auf einer → Patene (einem vergoldeten Teller) oder in einer Brotschale. Der Wein ist in einem → Kelch, der meistens aus Gold oder Silber gefertigt ist. In diesem Brot und in diesem Wein ist Jesus für uns da. Wir denken an das letzte → Abendmahl, das Jesus am Paschafest, dem großen Fest der Juden, mit seinen Jüngern feierte. Da nahm Jesus Brot und Wein in seine Hände, sprach das Dankgebet und sagte zu den

Jüngern: „Das ist mein Leib – das ist mein Blut. Tut dies zu meinem Andenken!" Wenn wir zur Feier der heiligen Messe zusammenkommen, wiederholt der Priester am Altar, was Jesus am Abend vor seinem Tod zu seinen Jüngern gesagt hat. Wir hören seine Worte und denken daran, dass Jesus mit seinem Tod sein Blut für uns vergossen hat. Wir danken Jesus für seine große Liebe zu uns.

Bundeslade

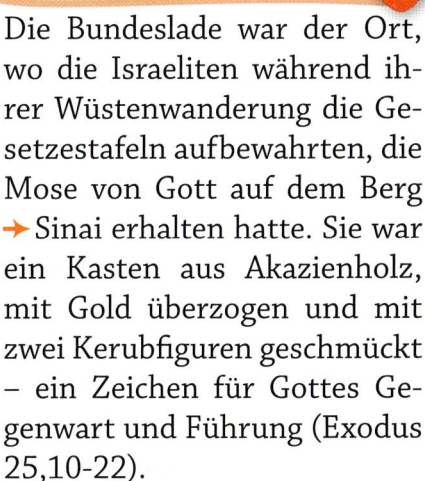

Die Bundeslade war der Ort, wo die Israeliten während ihrer Wüstenwanderung die Gesetzestafeln aufbewahrten, die Mose von Gott auf dem Berg → Sinai erhalten hatte. Sie war ein Kasten aus Akazienholz, mit Gold überzogen und mit zwei Kerubfiguren geschmückt – ein Zeichen für Gottes Gegenwart und Führung (Exodus 25,10-22).

Bußgottesdienst

Besonders in der Advents- und in der Fastenzeit werden in vielen Kirchen sogenannte Bußgottesdienste gefeiert. Sie sollen die Menschen dazu bewegen, ihr Herz zu öffnen und um die Vergebung ihrer Sünden (→ Sünde) zu bitten. Die Bußgottesdienste sind kein Ersatz für den Empfang des Bußsakraments. Das → Bußsakrament ist für alle nötig, die nach der Taufe schwer gesündigt haben.

Buß- und Bettag

Der Buß- und Bettag ist in Deutschland ein Feiertag der evangelischen Kirche und wird am Mittwoch vor dem letzten Sonntag im → Kirchenjahr begangen. Er wurde im Jahr 1934 als Tag der Gewissensprüfung eingeführt. In Gottesdiensten werden die Menschen zu → Umkehr und Besinnung aufgerufen. Der Buß- und Bettag ist heute nur noch in Sachsen ein arbeitsfreier Feiertag.

Bußsakrament

Im Bußsakrament bekennen wir vor einem Priester unsere Schuld (→ Sünde). Wir sagen ihm alles, was wir falsch gemacht haben, alles, was uns von Gott trennt und uns leidtut. Früher hat man das Bußsakrament, das auch Sakrament der Versöhnung genannt wird, „die Beichte" genannt. Der → Priester (Beichtvater) handelt beim Bußsakrament im Auftrag Gottes. Was wir ihm sagen, das sagen wir also → Gott. Und in seinem Namen kann uns der Priester auch von unserer Schuld befreien (vgl. Johannesevangelium 20,23). Er spricht dazu eine besondere Formel:

„Gott, der barmherzige Vater, hat durch den Tod und die Auferstehung seines Sohnes die Welt mit sich versöhnt und den Heiligen Geist gesandt zur Vergebung der Sünden. Durch den Dienst der Kirche schenke er dir Verzeihung und Frieden. So spreche ich dich los von deinen Sünden."

Der Priester ist verpflichtet, alles, was wir ihm sagen, für sich zu behalten. Auch vor Gericht darf er nichts davon erzählen. Man nennt dies das „Beichtgeheimnis".

Caritas

Caritas ist eine große, 1897 gegründete katholische Organisation, die Menschen in Not hilft. Das lateinische Wort caritas bedeutet → „Nächstenliebe". Die entsprechende evangelische Organisation trägt den Namen Diakonie. Das aus der griechischen Sprache stammende Wort Diakonie heißt übersetzt „Dienst".

Charisma

Charisma (griech. = Gnadengabe) ist eine Geistesgabe, die vom Menschen nicht erworben werden kann, sondern ihm von → Gott geschenkt wird, um anderen zu nützen. → Paulus nennt im 1. Korintherbrief (12,1-11) verschiedene Geistesgaben, z. B. die Gabe, Weisheit mitzuteilen; die Gabe, Erkenntnis zu vermitteln; die Gabe, Krankheiten zu heilen; die Gabe, die Geister zu unterscheiden u. a. „Das alles bewirkt ein und derselbe Geist; einem jeden teilt er seine besondere Gabe zu, wie er will" (1 Korinther 12,11).

Chormantel

Der Chormantel oder Chorrock ist ein weiter ärmelloser Umhang für den → Priester, der um die Schultern gelegt und vorne mit einem Verschluss zusammengehalten wird. Der Mantel ist oft besonders verziert und wird vor allem bei feierlichen Prozessionen getragen.

Chrisam → Öl

Christentum / Christen

Das Christentum ist heute die größte Religion der Welt. Es ist in Europa sowie in Süd- und Nordamerika am meisten verbreitet. Wir wissen, dass die Christen in eine größere Zahl von Konfessionen und kirchlichen Gruppen aufgespalten sind (→ Konfession). Ähnlich ist es auch bei den übrigen Weltreligionen. Das Christentum geht auf → Jesus Christus zurück. Nach seiner Auferstehung ließen sich seine Freunde nicht von ihrem Glauben an ihn abbringen. Immer mehr Menschen – Juden und Nichtjuden – schlossen sich der Bewegung um Jesus an und glaubten mit ganzen Herzen an seine Botschaft. In Antiochien nannte man sie um das Jahr 70 dann das erste Mal „Christen", das heißt „Schüler von Christus". Heute leben ca. 2 Milliarden Christen auf der Welt. Das sind ein Drittel der Weltbevölkerung.

Christi Himmelfahrt

Vierzig Tage nach Ostern feiern die Christen aller Konfessionen das Fest Christi Himmelfahrt. Sie denken daran, dass → Jesus nach seinem Tod und seiner Auferstehung zu seinem Vater in den Himmel zurückgekehrt ist. Beim Evangelisten → Lukas lesen wir: „Jesus führte die Jünger hinaus in die Nähe von Betanien. Dort erhob er seine Hände und segnete sie. Und während er sie segnete, verließ er sie und wurde zum Himmel emporgehoben" (Lukas 24,50-51). – Die Kirche feiert Christi Himmelfahrt als eigenständiges Fest seit dem 4. Jahrhundert (vorher war es mit dem Pfingstfest verbunden). In Deutschland ist das Fest ein gesetzlicher Feiertag, der vielen allerdings nur als „Vatertag" bekannt ist.

Christkind

Wir reden vom Christkind, weil → Jesus als kleines Kind geboren wurde. Und da man ihn außer Jesus auch noch → Christus nennt, sprechen wir auch vom Christkind. Wir können auch Jesuskind sagen. Dieses Jesuskind ist ganz einfach und bescheiden auf die Welt gekommen. Seine Eltern → Maria und → Josef fanden in der Herberge keinen Platz. Deshalb gingen sie zu einem Stall, um dort zu übernachten. Hier kam Jesus auf die Welt.

Christkönigsfest / Totensonntag

Am letzten Sonntag des ➔ Kirchenjahres feiern die katholischen Christen das „Christkönigsfest". Der Tag erinnert an die Macht und Herrlichkeit Jesu Christi. In einem Kindergebet heißt es: „Jesus, du bist unser König. Wir grüßen dich. Wir loben dich. Wir preisen dich. Wir beten dich an." 1925 wurde das Christkönigsfest von Papst Pius XI. eingeführt. Der genaue Name ist „Hochfest unseres Herrn Jesus Christus, des Königs des Weltalls". Die evangelischen Christen begehen am letzten Sonntag im Kirchenjahr den „Totensonntag". Dieses Fest ist ein Tag zur Erinnerung an alle Verstorbenen.

Christophorus, heiliger

Am 24. Juli ist das Fest des heiligen Christophorus. Die Legende vom heiligen Christophorus erzählt, dass er an einem gefährlichen Fluss wohnte. Dort trug er Menschen, die über den Fluss wollten, durch die Fluten. Eines Tages musste er ein kleines Kind hinübertragen. Mitten im Fluss wurde das Kind so schwer, dass er es kaum noch tragen konnte. Nur mit großer Mühe brachte er es ans andere Ufer. Dieses Kind soll das Christuskind gewesen sein. Wir wissen sicher, dass Christophorus von dem römischen Kaiser Decius enthauptet wurde (um 250). Der Grund: Der Heilige hatte in Lydien in Kleinasien den christlichen Glauben verbreitet. Christophorus ist einer der Vierzehn Nothelfer und Patron der Seeleute, Pilger, Reisenden und Autofahrer. Im Mittelalter ging die Meinung um, wer sein Bildnis gesehen hat, wird an diesem Tag nicht eines plötzlichen Todes sterben.

Christus

Wir nennen ➔ Jesus von Nazaret Christus. Das ist die griechische Übersetzung des hebräischen Namens ➔ Messias. Und Messias heißt der Gesalbte. Auf den Messias, den Gesalbten, der alle retten sollte, hat das Volk ➔ Israel gewartet.

Wir nennen uns Christen, weil wir glauben, dass Jesus der Christus ist, der Gesalbte, „der Messias, der Sohn des lebendigen Gottes" (Matthäus 16,16). Durch ihn beten wir zum Vater, ihn selber rufen wir an und preisen ihn in Psalmen und Liedern.

Christusmonogramm

Das Christusmonogramm, das man manchmal in Kirchen und auf Abbildungen sieht, ist eine seit dem 2. Jahrhundert gebräuchliche Abkürzung für ➔ Christus. Es ist gebildet aus den griechischen Anfangsbuchstaben

des Namens Christus: X (Chi) und P (Rho). Wenn man sie ineinanderschreibt, entsteht das Christuszeichen. – Man kann die zwei Buchstaben auch als PX lesen, als Abkürzung des lateinischen Wortes PAX (Frieden).

Credo → Apostolisches Glaubensbekenntnis

Custodia

Custodia (lat. custos = Wächter, Hüter) ist ein Gefäß, in dem die große Hostie für die → Monstranz im → Tabernakel aufbewahrt wird. Oft hat es die Form eines kleinen Hauses.

Dalmatik

Die Dalmatik (lat. dalmatica = aus Dalmatien stammend) ist ein festlich geschmücktes, liturgisches Gewand für den → Diakon. Sie ist aus einem spätrömischen weißen Obergewand aus dalmatischer Wolle entstanden.

Dämon

Dämonen sind zur Zeit des Neuen Testaments übernatürliche Mächte und Kräfte, die von den Menschen als Ursache für körperliche und seelische Krankheiten angesehen werden. Sie werden in der Bibel auch als „unreine" oder „böse Geister", als „Satan" oder „Beelzebul" bezeichnet. Immer wieder berichten die Evangelien, wie → Jesus Dämonen aus Menschen austrieb und sie dadurch von ihren Krankheiten heilte (Lukas 11,14-23).

Daniel

Daniel (hebr. = Gott richtet) war ein großer Prophet im 6. Jahrhundert v. Chr. Er stammte aus einer vornehmen Familie im Reiche → Juda. Im jugendlichen Alter kam er ins Exil nach Babylon (→ Babylonische Gefangenschaft) und wurde am Hof von König Nebukadnezzar erzogen. Seine Kenntnisse und seine Treue verschafften ihm viel Einfluss unter mehreren Königen. Weil er dem Gott des Volkes → Israel die Treue hielt, wurde er unter König Darius in die Löwengrube geworfen, aber wundersam gerettet (Daniel 6,2-29). Nach Daniel ist das gleichnamige

Buch im → Alten Testament benannt, das nach 200 v. Chr. entstanden ist.

Darstellung des Herrn

Das Fest der Darstellung des Herrn (2. Februar) erinnert daran, dass Jesus, als er 40 Tage alt war, im Tempel von → Jerusalem Gott geweiht wurde. → Maria und → Josef brachten ihn dorthin, weil es das jüdische Gesetz so verlangte. Zu dieser Zeit waren auch zwei alte, fromme Leute im Tempel: Simeon und Hanna. Die beiden erkannten im Kind → Jesus ihren Retter und Erlöser. Simeon nannte ihn das „Licht, das die Heiden erleuchtet" (Lukas 2,22-40). Am Festtag werden in den Kirchen → Kerzen geweiht und mancherorts Lichterprozessionen gehalten. Eine brennende Kerze bringt Licht in die Dunkelheit. Licht ist ein Zeichen für Jesus Christus. Früher wurde das Fest auch „Mariä Lichtmess" oder nur „Lichtmess" genannt.

David

David (hebr. = Liebling) war der jüngste Sohn des Isai aus dem Stamm → Juda und lebte um 1000 vor Christus. Nach

dem Sieg über den Philisterkämpfer → Goliat (1 Samuel 17) wurde er Heerführer bei König Saul. Da David vom Volk geliebt wurde, verfolgte ihn Saul aus Eifersucht. David floh vor dem König, wobei ihm Sauls Sohn Jonatan behilflich war. Nach dem Tode Sauls wurde David König des Volkes → Israel. Er eroberte → Jerusalem und machte die Stadt zum politischen und religiösen Zentrum seines Reiches. David war ein berühmter Musiker und verfasste viele → Psalmen. Durch den Ehebruch mit Batseba und die Ermordung ihres Gatten Urija lud er schwere Schuld auf sich. Nach getaner Buße erhielt er durch den Propheten Natan die Verheißung, dass aus seinem Hause der

→ Messias hervorgehen werde (2 Samuel 7).

Dechant / Dekan

Der Dechant oder Dekan ist der Vorsteher einer Anzahl von → Pfarrern, die in einem bestimmten Diözesanbereich, auch Dekanat (griech. deka = zehn) genannt, zusammengeschlossen sind. Die Pfarrer – ursprünglich zehn – wählen den Leiter aus ihrer Mitte, der dann vom → Bischof bestätigt wird. Der Dechant sorgt dafür, dass die seelsorgliche Arbeit in den ihm untergeordneten Pfarreien gut geordnet und vor allem die Durchführung der Gottesdienste überall gewährleistet ist.

Dekalog → Zehn Gebote

Der Menschensohn

Jesus nennt sich Menschensohn. Nun, könnte man sagen, Menschensöhne sind wir doch alle. Gewiss, aber → Jesus ist *der* Menschensohn, nicht *ein* Menschensohn. Er ist der Einzige, der wirklich Mensch ist, so wie ein Mensch

sein soll, das heißt: ganz und gar mit Gott verbunden.

Deutsche Bischofskonferenz

Die Deutsche Bischofskonferenz (DBK) ist der Zusammenschluss aller katholischen Bischöfe in Deutschland. Die Bischöfe treffen sich zweimal im Jahr (Frühjahr und Herbst) zu ihren Vollversammlungen, um über wichtige innerkirchliche Fragen zu beraten.

Devotionalien

Devotionalien (lat. devotio = Andacht) sind geweihte Gegenstände, die dem religiösen Menschen beim Betrachten und Beten helfen. Dazu gehören zum Beispiel ein → Kreuz, eine → Kerze, ein Andachtsbild, eine Heiligenfigur oder ein → Rosenkranz.

Diakon

Der Diakon (griech. diakonos = Diener) ist Träger eines Dienstamtes in der Kirche, das ihm vom → Bischof durch → Weihe übertragen wird. Dieses Amt ist sowohl eine Vorstufe zum Priesteramt als auch ein eigenständiger Beruf. Die Aufgaben des Diakons liegen im Gottesdienst und in der Gemeinde: Leitung von Gottesdiensten, Predigt, Spendung der Taufe, Krankenbesuche, Religionsunterricht, Begräbnisse und anderes mehr. Im Neuen Testament sind Diakone Mitarbeiter der → Apostel, denen besonders die Sorge für die Armen, Schwachen und Bedürftigen anvertraut war (Apostelgeschichte 6,1-6).

Diözese → Bistum

Dogma

Ein Dogma (griech. = Meinung) ist ein vom → Papst als unfehlbar verkündeter Lehrsatz in Glaubens- und Sittenfragen. Es spricht aus, was der Glaube der Kirche ist, und jeder Katholik ist verpflichtet, daran zu glauben. So ist es zum Beispiel ein Dogma, dass die → Kirche nicht von Menschen gegründet worden ist oder dass → Jesus nach seinem Sterben von den Toten wiederauferstanden ist. Dogmen werden selten verkündet, in den letzten 150 Jahren nur dreimal.

Dom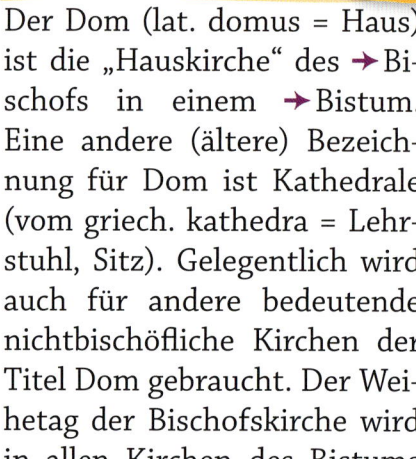

Der Dom (lat. domus = Haus) ist die „Hauskirche" des → Bischofs in einem → Bistum. Eine andere (ältere) Bezeichnung für Dom ist Kathedrale (vom griech. kathedra = Lehrstuhl, Sitz). Gelegentlich wird auch für andere bedeutende nichtbischöfliche Kirchen der Titel Dom gebraucht. Der Weihetag der Bischofskirche wird in allen Kirchen des Bistums gefeiert.

Dominikus, heiliger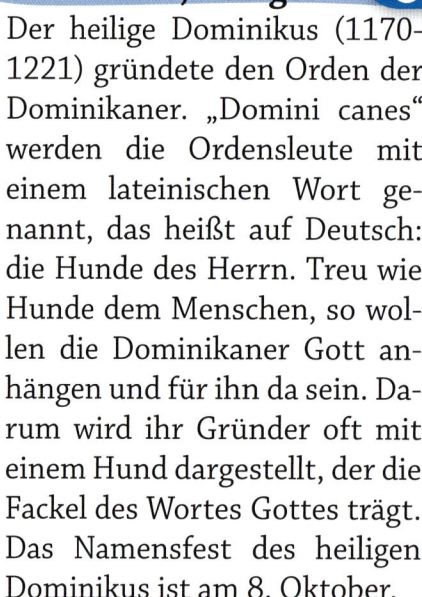

Der heilige Dominikus (1170-1221) gründete den Orden der Dominikaner. „Domini canes" werden die Ordensleute mit einem lateinischen Wort genannt, das heißt auf Deutsch: die Hunde des Herrn. Treu wie Hunde dem Menschen, so wollen die Dominikaner Gott anhängen und für ihn da sein. Darum wird ihr Gründer oft mit einem Hund dargestellt, der die Fackel des Wortes Gottes trägt. Das Namensfest des heiligen Dominikus ist am 8. Oktober.

Domkapitel

Domkapitel nennt man die Gemeinschaft der Domkapitulare (Geistliche einer Domkirche).

Der geistliche Kreis ist mit Aufgaben der Gottesdienstgestaltung und der bischöflichen Verwaltung befasst.

Dreifaltigkeitsfest

Am Sonntag nach Pfingsten wird das Dreifaltigkeitsfest gefeiert. Die protestantischen Christen feiern diesen Tag unter dem Namen „Trinitatis". Wir feiern und ehren an diesem Tag den einen → Gott in drei Personen: als Vater, als Sohn, als Heiliger Geist. In katholischen Gegenden wird das Dreifaltigkeitsfest mit Prozessionen gefeiert, die durch die Straßen ziehen.

Dreikönig(sfest)

Am 6. Januar feiert die katholische Kirche das Dreikönigsfest. Offiziell heißt das Fest „Erscheinung des Herrn" (Epiphanie). Das Fest erinnert an die weisen Männer aus dem Osten, die – nach dem Matthäusevangelium (2,1-12) – von einem Stern geführt nach → Betlehem kamen, um den neugeborenen König → Jesus zu verehren. Die Sterndeuter knieten vor dem Kind in der Krippe nieder, beteten es an und schenkten ihm, was sie mitgebracht hatten: Gold, Weihrauch und Myrrhe. Dass die weisen Männer drei Könige aus verschiedenen Erdteilen waren und dass sie Caspar, Melchior und Balthasar hießen, steht nicht in der Bibel, sondern wird im Volksglauben erzählt. In den orthodoxen Kirchen Osteuropas ist der 6. Januar nicht der Dreikönigstag, sondern das große Fest der Geburt Jesu.

Dreikönigssingen

Rund um den 6. Januar, dem → Dreikönigsfest, ziehen Kinder und Jugendliche – als drei Könige verkleidet – mit einem Stern von Haus zu Haus. Sie verkünden in Gebet und Gesang die Botschaft von der Geburt Jesu und bitten um Spenden für Kinder in der sogenannten Dritten Welt. Als Dank für die erhaltenen Gaben schreiben die Jungen und Mädchen mit Kreide ein „C + M + B" und die jeweilige Jahreszahl über

die Eingangstür des Hauses. Die Abkürzung steht für die Bitte „Christus mansionem benedicat", übersetzt „Christus segne dieses Haus". Das Dreikönigssingen ist eine vom Päpstlichen Missionswerk der Kinder in Deutschland (PMK) und vom Bund der Deutschen Katholischen Jugend (BDKJ) seit 1959 getragene Aktion.

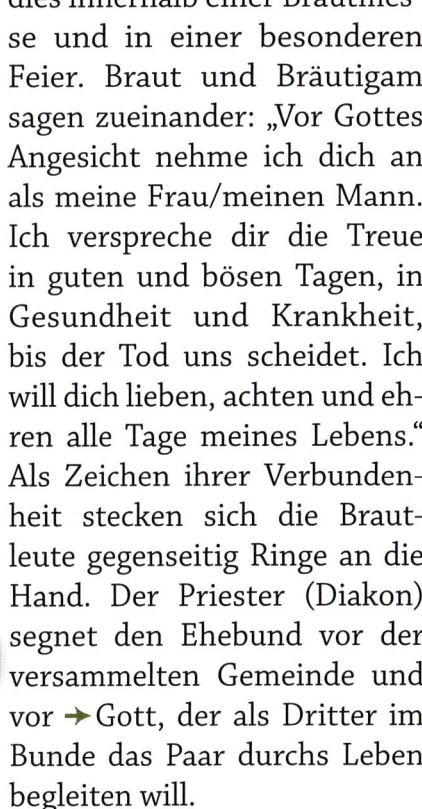

Ehesakrament

Im Sakrament der Ehe versprechen sich Mann und Frau vor dem → Priester (Diakon) und zwei Trauzeugen gegenseitig ihre Liebe und Treue. Sie tun

dies innerhalb einer Brautmesse und in einer besonderen Feier. Braut und Bräutigam sagen zueinander: „Vor Gottes Angesicht nehme ich dich an als meine Frau/meinen Mann. Ich verspreche dir die Treue in guten und bösen Tagen, in Gesundheit und Krankheit, bis der Tod uns scheidet. Ich will dich lieben, achten und ehren alle Tage meines Lebens." Als Zeichen ihrer Verbundenheit stecken sich die Brautleute gegenseitig Ringe an die Hand. Der Priester (Diakon) segnet den Ehebund vor der versammelten Gemeinde und vor → Gott, der als Dritter im Bunde das Paar durchs Leben begleiten will.

Ehre sei Gott in der Höhe (Gloria)

Das „Ehre sei Gott in der Höhe" wird als Lob- und Bittgesang an den Sonntagen außerhalb der Advents- und Fastenzeit, an Hochfesten, Festen und bei anderen festlichen Gottesdiensten gebetet oder gesungen. Der Text ist schon über tausend Jahre alt. Er erinnert an das Loblied, das die Engel in der Heiligen Nacht, als → Jesus in → Betlehem geboren wurde, voller Freude sangen: „Ehre sei

Gott in der Höhe und Friede den Menschen auf Erden."

Der Vers „Ehre sei Gott in der Höhe" heißt auf Lateinisch „Gloria in Excelsis Deo". Deshalb nennt man dieses Lied oder Gebet auch einfach „Gloria". Darin danken wir dem dreifaltigen ➜ Gott und lobpreisen ihn.

Im weiteren Verlauf der heiligen Messe fordert uns der Priester noch einmal auf, Gott zu loben. Dann beten oder singen wir das ➜ Sanctus: „Heilig, heilig, heilig Gott, Herr aller Mächte und Gewalten."

Eisheilige

In die letzte Zeit des Frühjahrs fallen die sogenannten „Eisheiligen". Als Eisheilige werden die fünf Heiligen bezeichnet, deren Namenstage die katholische Kirche zwischen dem 11. und 15. Mai feiert. Der Name Eisheilige rührt daher, dass häufig Mitte Mai eine Wetterperiode einsetzt, die als kritisch für die Landwirtschaft gilt. An diesen Tagen droht nach den Erfahrungen der Bauern der letzte Frost vor dem Sommer und damit eine große Gefahr für die Ernte. Viele Volksweisheiten bezeugen den Respekt der Winzer und Gärtner vor den Eisheiligen. Die Namen der Eisheiligen lauten: Mammertus, Pankratius, Servatius, Bonifatius und Sophie. Wer waren diese Heiligen?

Mammertus (11. Mai) war im fünften Jahrhundert Bischof im französischen Vienne. Pankratius (12. Mai) wurde ein Jahrhundert früher in Rom als Märtyrer hingerichtet und Servatius (13. Mai) war im vierten Jahrhundert Bischof im belgischen Tongern.

Mit dem am 14. Mai gefeierten heiligen Bonifatius ist nicht der als „Apostel der Deutschen" bekannte angelsächsische Benediktinermönch, sondern ein gleichnamiger sizilianischer Märtyrer aus dem vierten Jahrhundert gemeint. Die Mailänderin Sophia (15. Mai), im Volksmund als „kalte Sophie" bekannt, starb im zweiten Jahrhundert in Rom als Märtyrerin, nachdem sie von Kaiser Hadrian verurteilt worden war.

Elija

Elija (hebr. = Mein Gott ist Jahwe) war ein bedeutender Prophet im Nordreich ➜ Israel im 9. Jahrhundert v. Chr. Er bekämpfte energisch die Verehrung des Götzen ➜ Baal durch König Ahab und seine Frau Isebel und forderte die Verehrung ➜ Jahwes als einzig wahren Gott in Israel. Trotz mehrerer Morddrohungen kündigte er den Untergang des Königshauses an. Die Bibel erzählt, dass Elija am Ende seines Lebens durch einen Wirbelsturm in den Himmel aufgenommen wurde. Zu seinem Nachfolger bestimmte er seinen Schüler Elischa (2 Könige 2).

Elisabet

Elisabet (hebr. = [Mein] Gott ist Fülle) war die Frau des Priesters Zacharias und die Mutter von ➜ Johannes dem Täufer (Lukas 1). Sie galt zunächst als unfruchtbar, wurde dann aber durch Gottes Gnade schwanger. Ähnlich erging es im Alten Testament Sara, der Frau Abrahams, die auch erst in hohem Alter ihren Sohn Isaak bekam. Elisabet war mit ➜ Maria, der Mutter Jesu, verwandt, von der sie vor der Geburt ihres Sohnes Besuch bekam (Lukas 1,39-56).

Elisabeth von Thüringen, heilige

Elisabeth war eine ungarische Königstochter und wurde

1207 geboren. Mit 14 Jahren heiratete sie den Landgrafen Ludwig von Thüringen. Sie war sehr glücklich mit ihm und schenkte drei Kindern das Leben. Als Gräfin war Elisabeth sehr reich. Deshalb kümmerte sie sich besonders um die Armen und Kranken. Ihr Mann ließ sie gewähren, aber ihre Verwandten ärgerten sich. Als der Graf in den Krieg ziehen musste und starb, trieb man Elisabeth mit ihren Kindern aus dem Land. Mit ihren Gütern gründete sie ein Krankenhaus in Marburg und pflegte dort die Armen und Kranken. Elisabeth starb im Alter von 24 Jahren. Schon vier Jahre nach ihrem Tod im Jahr 1231 wurde sie heiliggesprochen. Ihr Festtag ist der 19. November.

Emmaus

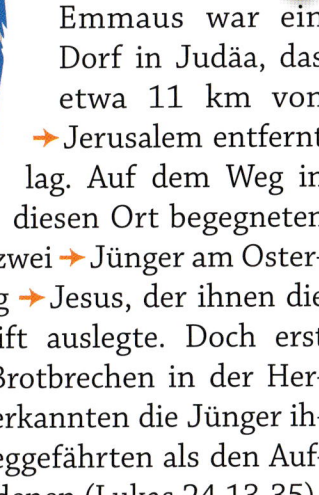

Emmaus war ein Dorf in Judäa, das etwa 11 km von → Jerusalem entfernt lag. Auf dem Weg in diesen Ort begegneten zwei → Jünger am Ostertag → Jesus, der ihnen die Schrift auslegte. Doch erst beim Brotbrechen in der Herberge erkannten die Jünger ihren Weggefährten als den Auferstandenen (Lukas 24,13-35).

Empore

Eine Empore ist ein erhöhter Platz – eine Art Balkon – im hinteren Teil einer → Kirche, auf dem in den meisten Fällen die → Orgel steht und auch der Kirchenchor singt. In manchen Kirchen gibt es noch weitere Emporen an den Seiten des Raumes, um bei feierlichen Gottesdiensten zusätzliche Sitzplätze zur Verfügung zu haben.

Engel

Engel (angelos = Bote) sind Boten Gottes. Die Bibel erzählt über dreihundert Mal, wie Engel den Menschen begegnen – zu Hause oder unterwegs, bei ihrer Arbeit oder im Traum. Sie bringen Gottes Wort zu den Menschen (vgl. Daniel 10,13; Lukas 1,19; Lukas 1,26). – Engel sind auch Begleiter und Beschützer der Menschen. Wir nennen sie → Schutzengel. Sie bewahren die Menschen vor vielen Gefahren und halten sie zum Guten an. So beschützte zum Beispiel der Erzengel → Rafael den jungen Tobias auf einer langen Reise. – Engel nennen wir auch Menschen, die ein Herz für andere haben. Sie trösten Menschen, die traurig sind. Sie besuchen Kranke und Einsame …

Enzyklika

Die Enzyklika (griech. Enkyklios = im Kreis laufen) ist ein päpstliches Rundschreiben an die ganze Kirche und alle Menschen guten Willens. Darin nimmt der → Papst zu wichtigen Glaubensfragen oder pastoralen Themen Stellung. Die Enzyklika erscheint zumeist in lateinischer Sprache (mit autorisierten Übersetzungen) und enthält keine unfehlbaren Lehrentscheidungen.

Epistel

Epistel (griech. epistole = Brief) ist die Bezeichnung für die zwei Lesungen, die an Sonn- und Feiertagen in der heiligen → Messe vorgetragen werden. Die erste Lesung stammt aus dem → Alten Testament, die zweite aus dem → Neuen Testament (Apostelgeschichte, Apostelbriefe, Geheime Offenbarung). Die Lesungen werden von einem → Lektor vorgelesen, das darauffolgende Evangelium vom → Priester oder → Diakon. In den Werktagsgottesdiensten kommt vor dem Evangelium nur eine Lesung zum Vortrag.

Erscheinung des Herrn

→ Dreikönig(sfest)

Erntedank(fest)

Am ersten Sonntag im Oktober feiert die Kirche das Erntedankfest. Die Arbeit auf dem Feld ist beendet, die Früchte sind überall geerntet. Da danken wir → Gott für die Gaben, die wir von ihm bekommen haben. Am Erntedankfest sind viele Kirchen besonders schön geschmückt. Oft ist ein Erntealtar aufgebaut. Darauf liegen Äpfel und Birnen,

Korn und Brot, Kürbisse und Gurken, Tomaten und Trauben ... Viele Familien haben ihre Wohnungen mit Blumen und bunten Herbstblättern festlich geschmückt. Beim gemeinsamen Essen danken sie Gott für alles, was er ihnen schenkt: für Speise, Kleidung und Wohnung, Arbeit und Gesundheit, für alles Glück (→ Beten).

Erstbeichte

Vor dem Fest der → Erstkommunion gehen in vielen Gemeinden die Kinder zum ersten Mal zur heiligen Beichte. Sie empfangen, wie die Kirche sagt, das → Bußsakrament, das Sakrament der Versöhnung. Die Kinder bekennen dem → Priester ihre Sünden und sagen ihm, dass sie sich bessern wollen. Jetzt können sie mit reinem und frohem Herzen erstmals das heilige Brot empfangen.

Erstkommunion

Erstkommunion ist für katholische Kinder (in der Regel des 3. Schuljahres) der erstmalige Empfang des heiligen Brotes (→ Kommunion) im Rahmen eines feierlichen Gottesdienstes am → Weißen Sonntag. Durch den Pfarrer und durch Erwachsene in der Gemeinde werden die Kinder gründlich auf diesen Tag vorbereitet, ergänzt durch den Religionsunterricht in der Schule. Mit der ersten heiligen Kommunion werden die Kinder voll in die katholische Gemeinde aufgenommen und nehmen ab jetzt teil an der Gemeinschaft der → Christen untereinander und mit → Christus. Als Datum der Erstkommunion wird der Weiße Sonntag erstmals im 17. Jahrhundert erwähnt.

Esel

Esel waren in biblischer Zeit angesehene und gefragte Tiere. Sie galten als zuverlässig und geduldig und wurden bevorzugt als Lasten-, Zug- und Reittiere eingesetzt. Die Könige Israels ritten nicht auf Pferden, sondern auf edlen weißen Eseln. Auch → Jesus zog einige Tage vor dem Osterfest auf einem jungen Esel in → Jerusalem ein (Markus 11,1-11).

Eucharistie

Im Sakrament der Eucharistie sitzen wir mit → Jesus an einem Tisch. Was er vor mehr als 2000 Jahren seinen Jüngern gesagt hat, das sagt er in jeder heiligen → Messe durch den → Priester auch uns: „Das ist mein Leib – das ist mein Blut." In → Brot und Wein dürfen wir seine Gegenwart erfahren. Das griechische Wort „Eucharistie" heißt auf Deutsch übersetzt „Danke sagen". Und das tun wir, wenn wir im Gottesdienst zusammenkommen. Wir sagen Danke für das, was Jesus uns gesagt und was

er für uns getan hat. Wenn wir von dem Brot essen (und manchmal auch von dem Wein trinken), danken wir Jesus für seine große Liebe zu uns. Gleichzeitig danken wir Jesus für alles, was er uns sonst noch geschenkt hat: für unsere Eltern, Geschwister und Freunde, für unserer Gesundheit, für Essen und Trinken, für das Dach über dem Kopf, für Sonnenschein und Regen und für viele andere Dinge, die uns Freude machen.

Evangeliar

Das Evangeliar ist ein liturgisches Buch mit den Texten aus dem Neuen Testament, die als Evangelium in der heiligen → Messe vorgelesen werden. Das Buch ist seiner Würde entsprechend kostbar gestaltet. Es wird beim Einzug mitgetragen und auf dem → Altar aufgestellt. Wenn das Evangeliar nicht alle, sondern nur einzelne Festevangelien enthält, wird es Evangelistar genannt.

Evangelien / Evangelium

Im Mittelpunkt des Neuen Testaments (→ Neues Testament) stehen die Geschichten von → Jesus von Nazaret, die

sogenannten Evangelien. Das Wort Evangelium stammt aus dem Griechischen. Dort heißt es „euangelion". Man übersetzt es mit „frohe und gute Botschaft". Bei den Griechen wurde das Wort immer dann verwendet, wenn ein Bote eine gute Nachricht vom Kaiser überbrachte. Insgesamt vier Evangelien bilden zusammen „das Evangelium", also die „Frohe Botschaft" von Jesus Christus. Geschrieben wurden sie von → Matthäus (Mt), → Markus (Mk), → Lukas (Lk) und → Johannes (Joh), den sogenannten vier „Evangelisten". Das Evangelium von Markus ist das älteste und zugleich kürzeste der vier Evangelien.

Es fällt auf, dass die ersten drei Evangelien (also Matthäus, Markus und Lukas) die „Geschichte des Lebens Jesu" sehr ähnlich erzählen. Sie stimmen im Gegensatz zum Johannesevangelium in Inhalt und Sprache an vielen Stellen überein.

Evangelistensymbole

In einer Vision schaut der alttestamentliche Prophet → Ezechiel die Herrlichkeit Gottes in vier Lebewesen (Ezechiel 1,1-14), wie dies auch die Offenbarung des → Johannes berichtet (Offenbarung 4,6-8).

Die Evangelisten → Matthäus, → Markus, → Lukas und → Johannes, die als Verfasser der vier biblischen Bücher gelten, werden deshalb seit dem 4. Jahrhundert durch vier geflügelte Symbole dargestellt. Der Mensch ist Zeichen für Matthäus (sein Evangelium beginnt mit der Darlegung der menschlichen Ankunft Jesu), der Löwe Zeichen für Markus (sein Evangelium beginnt mit dem Täufer Johannes, dem „Rufer in der Wüste"), der Stier Zeichen für Lukas (sein Evangelium beginnt mit dem Opfer des Zacharias) und der Adler Zeichen für Johannes (aus ihm spricht der von oben kommende Geist am mächtigsten).

Evangelistar → Evangeliar

Ewiges Leben → Tod

Ewiges Licht

Vor oder neben dem → Tabernakel ist eine Ampel (Schale) angebracht, in der ein Licht flackert. Es ist eine rote Öllampe, die immer brennt. Darum nennen wir sie auch das Ewige Licht. Die anderen Lichter in der Kirche – die elektrischen Lampen und auch die → Kerzen – werden nur für den Gottesdienst angezündet. Danach werden sie wieder ausgemacht. Das Ewige Licht dagegen brennt Tag und Nacht. Es erinnert uns daran, dass → Jesus in der Gestalt des Brotes im Tabernakel wohnt und immer anwesend ist.

Exodus

Exodus (griech. = Auszug) ist der Name des zweiten Buches im Alten Testament. Das ca. 400 v. Chr. verfasste Buch beschreibt in 40 Kapiteln den Auszug des Volkes → Israel aus Ägypten. Der Höhepunkt des Exodus ist das Sinaiereignis: Gott übergibt dem → Mose die Gesetzestafeln mit den → Zehn Geboten und schließt einen Bund mit dem Volk Israel (→ Sinai, Berg).

Ezechiel

Ezechiel (hebr. = Gott kräftigt) wirkte als Prophet zwischen 590 und 570 v. Chr. Er sagte den Untergang → Jerusalems und die Zerstörung des → Tempels voraus. Während der Zeit der → Babylonischen Gefangenschaft spendete er den Juden Trost, indem er ihnen den Beistand Gottes im Exil versprach (Ezechiel 33–39). Außerdem gab er dem Volk die Hoffnung auf das Kommen des → Messias (Ezechiel 34,23f.). Nach Ezechiel ist das gleichnamige Buch im → Alten Testament benannt.

Farben, liturgische

Vier verschiedene Farben prägen das → Kirchenjahr und damit die entsprechenden liturgischen Gewänder: weiß, rot, violett und grün. Sie besitzen eine starke Ausdruckskraft und stehen für bestimmte Eigenschaften.

Weiß ist die Farbe der Freude und der Reinheit. Sie wird getragen bei → Taufe, → Erstkommunion und Hochzeit, in der Weihnachts- und Osterzeit sowie an Marientagen.

Rot ist die Farbe der Begeisterung und des Blutes. Sie kommt zur Anwendung am → Palmsonntag und → Karfreitag, zu → Pfingsten und bei der → Firmung, außerdem an den Festen und Gedenktagen der → Märtyrer.

Violett ist die Farbe der Umkehr und der Buße. Sie gehört

zum → Advent und zur österlichen Bußzeit, zur Beichte, → Krankensalbung und zu Gottesdiensten für Verstorbene. *Grün* ist die Farbe der Hoffnung. Sie wird benutzt an allen Wochen- und Sonntagen im Jahreskreis, die nicht durch eine andere liturgische Farbe überlagert sind.

Fastenzeit

Die Fastenzeit meint die 40 Tage von → Aschermittwoch bis → Karsamstag. Die Zeit dient der Vorbereitung auf das Osterfest (deswegen heißt sie auch österliche Bußzeit) und der Erinnerung an das Leiden und Sterben Jesu (→ Passionszeit). In dieser Zeit trägt der Priester beim Gottesdienst ein violettes Messgewand. Wenn wir einen

Kalender zu Hand nehmen und die Tage von Aschermittwoch bis Karsamstag zählen, kommen wir gar nicht auf 40 Tage. Das liegt daran, dass die Sonntage bei den 40 Tagen nicht mitgezählt werden. Am → Sonntag erinnern wir uns schließlich immer an die Auferstehung Jesu. In der Fastenzeit machen wir unser Herz bereit, die Botschaft Jesu immer besser zu verstehen.

Fastnacht / Fasching

In den Tagen vor der → Fastenzeit feiern wir die Fas(t)nacht (Fasching, Fasnet, Karneval). In diesen Tagen geht es in vielen Gegenden völlig „verrückt" zu. Das Wort „Fastnacht" meint die Nacht vor dem → Aschermittwoch. Die Christen legten das Fest vor die Fastenzeit. Vor dem langen Fasten wollten die Menschen noch einmal ausgelassen feiern. Dann ist mit der gottvergessenen Völlerei Schluss. Das macht auch das Wort „Karneval" deutlich. Es könnte aus dem lateinischen „carne vale" kommen

und „Fleisch, lebe wohl" heißen. Wobei mit Fleisch die materielle Welt gemeint ist.

Fatima

Fatima ist der berühmteste Marienwallfahrtsort in Portugal und einer der bedeutendsten in der Welt. Hier erschien 1917 drei Hirtenkindern im Alter zwischen 7 und 10 Jahren die Gottesmutter → Maria. Es waren die Geschwister Francisco und Jacinta Marto und deren Kusine Lucia do Santos. Die erste Erscheinung war am 13. Mai 1917. Das Ereignis wiederholte sich im Monatsrhythmus über ein halbes Jahr. Im Jahr 1930 erkannte die Kirche die Erscheinungen an. Bis heute pilgern jährlich Hunderttausende von Menschen nach Fatima, um hier zur Muttergottes zu beten.

Fegefeuer

Das Fegefeuer (Purgatorium) kann man als eine Art „Wartezimmer" (kein Ort, sondern Zustand!) für den Himmel verstehen. Hier bleibt die Seele eines Verstorbenen eine Weile, um Buße zu tun für das, was ein Mensch auf der Erde falsch gemacht hat. Das Fegefeuer reinigt die Seele und sorgt dafür, dass der Mensch mit einem neuen und reinen Herzen zu ➜ Gott in den Himmel kommen kann. Es ist also eine Art „Zwischenstopp" auf dem Weg von der Erde in den Himmel – für die, die sich für Gott entschieden haben, deren Heiligkeit aber noch etwas wachsen muss. Seit frühester Zeit betet die Kirche für die Verstorbenen, damit sie geläutert werden und ewig bei Gott wohnen dürfen.

Feindesliebe

Jesus will, dass wir zueinander gut sind. Als ➜ Christen sollen wir unsere Nächsten (Eltern, Geschwister, Kameraden, Freunde ...) lieben wie uns selbst. ➜ Jesus verlangt aber noch mehr: Wir sollen auch unsere Feinde lieben, also die, die wir nicht mögen und die uns verhasst sind. Im Matthäusevangelium heißt es: „Liebt eure Feinde und betet für die, die euch verfolgen, damit ihr Söhne eures Vaters im Himmel werdet; denn er lässt regnen über Gerechte und Ungerechte" (Mt 5,44f.). Seinen Feind zu lieben, ist schwer, sehr schwer sogar. Aber für Jesus ist es der einzige Weg zum Frieden auf der Welt.

Feuer

Vom Symbol des Feuers ist in der Bibel wiederholt die Rede. So erschien ➜ Gott dem ➜ Mose in der Steppe beim Berg Horeb in einem brennenden Dornbusch. Die Flammen schlugen empor, aber der Dornbusch verbrannte nicht. Als Mose Gott nach seinem Namen fragte (➜ Name Gottes), erwiderte dieser: Ich bin der „Ich bin da" (Exodus 3,14). – Am Pfingstfest erschienen den in ➜ Jerusalem versammelten ➜ Jüngern (laut Apostelgeschichte 2,1-15) Zungen wie von Feuer. Sie ließen sich auf jeden Einzelnen von ihnen nieder und erfüllten sie mit Gottes Geist. Alle waren regelrecht be-geist-ert und wie verwandelt (➜ Pfingsten).

Firmung

Durch das Sakrament der Firmung empfangen junge Menschen Gottes heiligen Geist. In der ➜ Taufe wurden sie zum ersten Mal mit diesem Geist

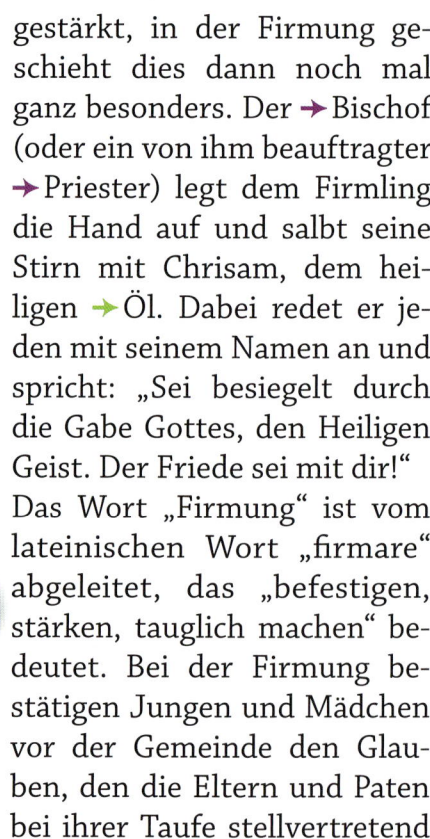

gestärkt, in der Firmung geschieht dies dann noch mal ganz besonders. Der ➜ Bischof (oder ein von ihm beauftragter ➜ Priester) legt dem Firmling die Hand auf und salbt seine Stirn mit Chrisam, dem heiligen ➜ Öl. Dabei redet er jeden mit seinem Namen an und spricht: „Sei besiegelt durch die Gabe Gottes, den Heiligen Geist. Der Friede sei mit dir!"
Das Wort „Firmung" ist vom lateinischen Wort „firmare" abgeleitet, das „befestigen, stärken, tauglich machen" bedeutet. Bei der Firmung bestätigen Jungen und Mädchen vor der Gemeinde den Glauben, den die Eltern und Paten bei ihrer Taufe stellvertretend

für sie versprochen haben. Das Sakrament der Firmung wird auch als Sakrament der „Mündigkeit" bezeichnet.

Fisch

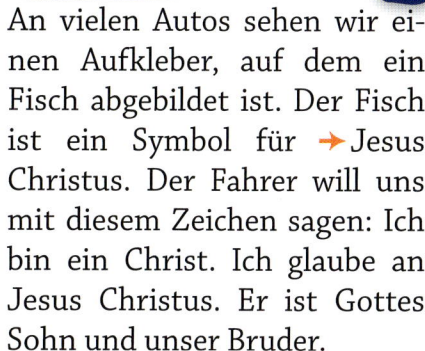

An vielen Autos sehen wir einen Aufkleber, auf dem ein Fisch abgebildet ist. Der Fisch ist ein Symbol für → Jesus Christus. Der Fahrer will uns mit diesem Zeichen sagen: Ich bin ein Christ. Ich glaube an Jesus Christus. Er ist Gottes Sohn und unser Bruder.

In den ersten Zeiten der Christenverfolgung entstand das Symbol des Fisches als geheimes Erkennungszeichen der Christen. Das griechische Wort „Ichthys" für „Fisch" enthält die Anfangsbuchstaben des griechischen Satzes: „Iesous Christos, Theou Hyos, Soter = Jesus Christus, Sohn Gottes, Erlöser".

Der Fisch ist das Tier des Wassers. Er kann nur im Wasser leben. Darum wurde er schon sehr früh ein Bild für den Getauften. Das Zeichen der → Taufe ist das Wasser, in das der Täufling eingetaucht (so war es früher) oder das ihm über den Kopf gegossen wird. Es ist das Zeichen für das neue Leben, zu dem er von Gott gerufen wird.

Fischerring

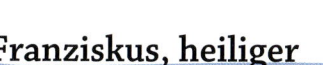

Der Fischerring ist der Amtsring des Papstes und ein Symbol päpstlicher Macht. Der → Papst bekommt ihn seit dem 14. Jahrhundert nach seiner Wahl im → Konklave überreicht. Der Ringstein beinhaltet neben einem Bildnis des fischenden → Petrus den Namenszug des Papstes. Nach dem Tod des Papstes wird der Fischerring zerbrochen.

Florian, heiliger

Am 4. Mai ist das Fest des heiligen Florian. Florian („der blühende") war ein römischer Beamter im 3./4. Jahrhundert. Eines Tages ließ er sich taufen und wurde Christ. Das war damals sehr gefährlich, weil Christen wegen ihres Glaubens verfolgt und eingesperrt wurden. Florian ließ sich aber nicht einschüchtern. Als er einmal Freunde und Mitchristen im Gefängnis besuchte, wurde er festgenommen. Die Richter ließen ihn foltern und verurteilten ihn schließlich zum Tode. Florian wurde in einem Fluss ertränkt. Weil er im Wasser den Tod fand, wurde er der Schutzheilige gegen Feuer. Auf Bildern sieht man den Heiligen neben einem brennenden Haus stehen, das er mit Wasser löscht.

Franziskus, heiliger

Franziskus (Giovanni Bernardone) wurde 1181 im umbrischen Assisi geboren. Er war der Sohn eines reichen italienischen Kaufmanns. Als junger Mann führte er ein ausgelassenes Leben und wollte Ritter werden. Nach einer schweren Verwundung und einem Aufenthalt im Gefängnis änderte er sein Leben. Franz entschloss sich, ganz arm zu werden und nur noch unter den Armen zu leben. Er pflegte Kranke und Aussätzige und wollte → Jesus immer ähnlicher werden. Bald sammelten sich junge Leute um ihn, aus denen später der Franziskanerorden entstand. Franziskus starb 1226 arm und krank in Assisi. Schon 1228 wurde er heiliggesprochen. Sein Fest feiert die Kirche am 4. Oktober.

Friedensgruß

Nach dem → Vaterunser und dem Friedensgebet in der heiligen → Messe grüßt der Priester die Gemeinde mit den Worten: „Der Friede des Herrn sei allezeit mit euch." Die Gemeinde antwortet: „Und mit deinem Geiste." Darauf fordert der Priester alle auf: „Gebt einander ein Zeichen des Friedens und der Versöhnung." Jetzt geben die Gottesdienstbesucher ihren Banknachbarn als Zeichen des Friedens die Hand und sagen einander: „Der Friede sei mit dir." Manche Leute nehmen sich auch in den Arm und zeigen auf diese Weise, dass sie zusammenhalten wollen. Der Brauch, sich in der Messe vor der → Kommunion den Frieden zu wünschen, geht schon auf Papst → Gregor den Großen (6. Jahrhundert) zurück. Im Mittelalter ging dieser gute Brauch verloren. Aber das neue Messbuch von 1970 hat ihn dann wieder aufgenommen.

Friedhof

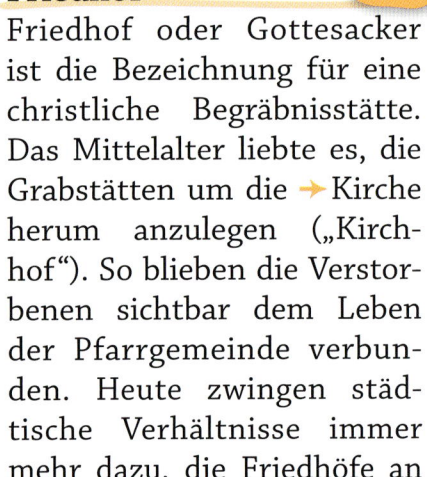

Friedhof oder Gottesacker ist die Bezeichnung für eine christliche Begräbnisstätte. Das Mittelalter liebte es, die Grabstätten um die → Kirche herum anzulegen („Kirchhof"). So blieben die Verstorbenen sichtbar dem Leben der Pfarrgemeinde verbunden. Heute zwingen städtische Verhältnisse immer mehr dazu, die Friedhöfe an die Ränder der Wohnbereiche zu verlegen, und beeinträchtigen dadurch die Verbindung der Lebenden zu den Toten.

Fronleichnam

Fronleichnam ist ein katholisches Fest und wird am Donnerstag nach dem → Dreifaltigkeitsfest gefeiert. Der Name leitet sich von den mittelhochdeutschen Worten „fron" für „Herr" und „lichnam" für „lebender Leib" ab und bedeutet: der Leib des Herrn. Die Gläubigen erinnern sich an diesem Tag des letzten Abendmahls in Jerusalem und feiern Jesu Gegenwart in der → Eucharistie. Sie ziehen in einer feierlichen → Prozession durch die Straßen und Felder und verehren den „Leib des Herrn", das heilige Brot, das der Priester in einer → Monstranz unter einem → Baldachin trägt. Wo Fronleichnam kein staatlicher Feiertag ist, wird das Fest am Sonntag darauf gefeiert.

Fürbitten

Die Fürbitten sind Bestandteil der heiligen → Messe und werden auch Allgemeines Gebet oder Gläubigengebet genannt. Sie bilden den Abschluss des Wortgottesdienstes. In den Fürbitten werden die Anliegen der Kirche, der Welt und der versammelten Gemeinde vor → Gott gebracht. Der Apostel → Paulus schreibt im ersten Brief an Timotheus: „Vor allem fordere ich zu Bitten und Gebeten, zu Fürbitte und Danksagung auf, und zwar für alle Menschen" (2,1). Die Fürbitten werden meistens von der → Lektorin oder dem → Lektor vorgetragen und durch den → Priester eingeleitet und abgeschlossen. Die Gemeinde antwortet auf die einzelnen Bitten mit Gebetsrufen wie: „Wir bitten dich, erhöre uns", „Herr, erbarme dich" oder „Christus, erhöre uns".

Fußwaschung

Das letzte → Abendmahl war noch nicht zu Ende, da stand → Jesus auf, band sich eine Schürze um, goss Wasser in eine Schüssel und wusch jedem seiner → Jünger die Füße. Mit diesem Dienst zeigte er ihnen seine Liebe und sagte: „So sollt auch ihr es machen. Ihr sollt einander lieb haben, so, wie ich euch lieb habe. Dann werdet ihr selig sein" (Johannes 13,1-17).

In Erinnerung an diese Fußwaschung wäscht vielerorts im Gründonnerstagsgottesdienst der → Priester zwölf Männern aus der Gemeinde die Füße.

Gabenbereitung

Die Eucharistiefeier (Mahlfeier), der zweite Teil der heiligen → Messe, beginnt mit der Gabenbereitung. Von Vertretern der Gemeinde oder von den Ministranten werden → Brot und Wein zum → Altar gebracht, außerdem das eingesammelte Geld für die Armen und die Bedürftigen der Kirche. Der → Priester bereitet den Altar für die Feier des Mahles mit → Jesus vor. Er spricht das Gabengebet und bittet Gott um die Annahme der Gaben.

Gabriel

Gabriel (hebr. = „Mann Gottes" oder „Stärke Gottes") ist der Erzengel, der von Gott dreimal zu den Menschen gesandt wurde. Das erste Mal kam er zum Propheten → Daniel und sagte: „Ich bringe eine Frohbotschaft. Wenn die Zeit erfüllt ist, wird der Messias geboren." Das zweite Mal brachte Gabriel dem Priester Zacharias, dem Vater → Johannes' des Täufers, die Botschaft: „Deine Frau wird einen Sohn zur Welt bringen, den sollst du Johannes nennen. Er wird dem Herrn vorangehen" (Lukas 1,13-17). Das dritte Mal verkündete Gabriel dem Mädchen → Maria in → Nazaret: „Siehe, du wirst empfangen und einen Sohn gebären, dem sollst du den Namen Jesus geben. Er wird Sohn des Höchsten heißen" (Lukas 1,30-32). Gabriel wird dargestellt als Engel mit der Lilie bei der Verkündigung an Maria. Sein Fest feiert die Kirche (zusammen mit → Michael und → Rafael) am 29. September.

Galen, Clemens August v.

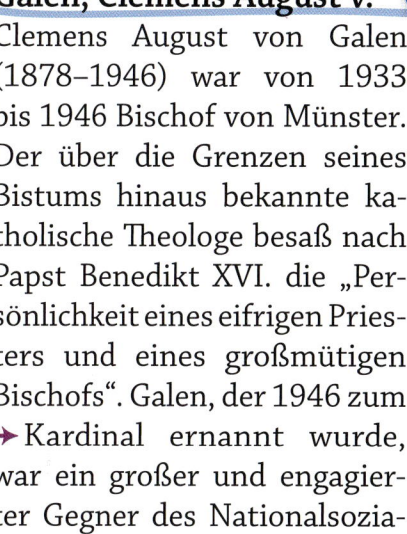

Clemens August von Galen (1878–1946) war von 1933 bis 1946 Bischof von Münster. Der über die Grenzen seines Bistums hinaus bekannte katholische Theologe besaß nach Papst Benedikt XVI. die „Persönlichkeit eines eifrigen Priesters und eines großmütigen Bischofs". Galen, der 1946 zum → Kardinal ernannt wurde, war ein großer und engagierter Gegner des Nationalsozialismus. Im Jahre 2005 wurde er seliggesprochen.

Galiläa

Galiläa (hebr. = Kreis) heißt das Gebiet in → Israel, das westlich von See → Gennesaret liegt. In dieser Landschaft, die reich an Weizenfeldern, Obstplantagen und Weinbergen ist, verbrachte → Jesus den größten Teil seines Lebens. → Nazaret, mitten in Galiläa gelegen, war das Heimatdorf Jesu. Hier verbrachte er mit seinen Eltern die Zeit bis zu seinem öffentlichen Wirken. Zur Zeit Jesu gehörte Galiläa zum Machtbereich von → Herodes Antipas.

Garten Eden

Garten Eden, auch „Garten der Wonne" genannt, ist mit dem Paradies gleichzusetzen. Nach dem Schöpfungsbericht lebten in diesem fruchtbaren Garten (Genesis 2,8) → Adam und Eva am Anfang in Freundschaft mit → Gott. Geografisch lässt sich der Ort Eden nicht festlegen.

Gebet → Beten

Gebetswoche für die Einheit der Christen

Seit 1908 wurde die Gebetswoche für die Einheit der Christen (8.–15. Januar) in einigen anglikanischen und katholischen Gemeinden der USA gehalten. Bald darauf wurde sie von fast allen christlichen Kirchen der Welt übernommen und von den Päpsten – von Pius X. bereits im Jahr 1910 – gefördert. In den letzten Jahren wird auch in den Tagen von → Christi Himmelfahrt bis → Pfingsten eine Zeit des Gebetes für die Einheit der Christen gehalten (→ Ökumene).

Geburtsdatum Jesu

Wurde Jesus am 25. Dezember geboren? In der Bibel (etwa bei den Evangelisten → Matthäus und → Lukas) steht nichts über das Geburtsdatum Jesu. Im 4. Jahrhundert entschieden sich die Christen für den 25. Dezember. An diesem Tag feierten die Römer die Sonnenwende, ein Lichtfest. Denn ab dann wurden die Tage wieder länger. Die Christen haben dieses Datum einfach übernommen, weil → Christus für sie das „Licht der Welt" war. Da schien der 25. Dezember der richtige Tag, um seine Geburt zu feiern. Bis heute hat sich dieser Termin für die Feier des Weihnachtsfestes (des Geburtsfestes Jesu) erhalten.

Gegrüßet seist du, Maria → Ave Maria

Geistlicher

Geistlicher ist die Bezeichnung für alle sakramental geweihten Männer in der Kirche: Diakone, Priester und Bischöfe. → Kleriker (Klerus).

Gemeindereferent(in)

Ein(e) Gemeindereferent(in) ist ein(e) hauptberufliche(r) Mitarbeiter(in) in der Pfarrgemeinde. Er (sie) hat eine theologische (religionspädagogische) und eine gemeindepraktische Ausbildung. Früher war dieser Beruf fast ausschließlich ein Frauenberuf mit dem Namen „Seelsorgehelferin". Zu den Tätigkeiten eines (einer) Gemeindereferenten (Gemeindereferentin) gehören u. a. die Leitung von Wortgottesdiensten, Besuchsdienste, Sakramentenvorbereitung, Religionsunterricht u. a. m.

Genesis

Genesis ist der Name des ersten Buches der Bibel. Der erste Teil erzählt von den Anfängen der → Schöpfung: die Erschaffung der Welt und des Menschen, der Sündenfall von → Adam und Eva, die Geschichte von Noach und der großen Flut und der Turmbau zu → Babel (Genesis 1–11). Der zweite Teil des Buches erzählt von den Ursprüngen des Volkes → Israel: von den Erzeltern → Abraham und Sara, → Isaak und Rebekka, → Jakob, Rahel und Lea, → Josef u. a. (Genesis 12–50).

Gennesaret, See

Der See Gennesaret liegt in → Galiläa und wird auch „See

von Tiberias", „See bzw. Meer von Galiläa" oder „Kineret" genannt. Er ist etwa 21 km lang, bis zu 12 km breit und reich an Fischen. Der wichtigste Zufluss ist der Jordan. Jesus hielt sich oft am See Gennesaret und in seiner Umgebung auf. Hier berief er seine ersten → Jünger: Andreas, Jakobus, Simon und Johannes (Matthäus 4,18-22). Am See Gennesaret wirkte er viele Wunder, zum Beispiel die Speisung der Fünftausend (Markus 6,30-44) oder die zahlreichen Krankenheilungen (Markus 6,53-56).

Georg, heiliger

Die Erzählung vom Kampf Georgs mit dem Drachen ist uns aus dem Mittelalter überliefert. Danach entstammte Georg einer vornehmen Familie aus Kappadozien (heute Türkei) und war hoher römischer Offizier. Eines Tages wurde das Land von einem Drachen tyrannisiert, dem täglich zwei Schafe zur Besänftigung geopfert wurden. Als alle Schafe dahin waren, forderte der Drache Menschenopfer. Das Los, welches das erste Opfer bestimmen sollte, fiel auf die Tochter des Königs. Da griff Georg den Drachen mit seiner Lanze an, verletzte ihn und führte ihn vor das Volk. Er versprach, das Untier zu töten, wenn sich alle von ihm taufen ließen. Als Volk und König damit einverstanden waren, sprang Georg auf sein Pferd und tötete den Drachen. Von Christenverfolgern soll Georg um 304/305 enthauptet worden sein. Die Bauern verbinden mit dem Fest des heiligen Georg ein reiches Brauchtum, wie Georgi-Ritt und Pferdesegnung. Der Festtag des Heiligen ist am 23. April.

Gertrud die Große

Vierzig Jahre lang war die heilige Gertrud (1256–1302) Vorsteherin des Klosters Helfta in Thüringen. Die Menschen gaben ihr den Beinamen die Große. Gertrud war außerordentlich gebildet und lebte in tiefer Verbundenheit mit → Jesus Christus. Sie war eine gefragte Ratgeberin und Seelsorgerin. Das Namensfest der Heiligen feiert die Kirche am 17. November.

Gesalbter → Christus,

→ Messias

Getsemani
Getsemani (hebr. = Ölkelter) war zur Zeit Jesu ein Garten am → Ölberg bei → Jerusalem, dessen genaue Lage heute unbekannt ist. In diesem Garten betete → Jesus vor seiner Gefangennahme voller Angst zu seinem Vater im Himmel: „Nimm diesen Kelch von mir! Aber nicht, was ich will, sondern was du willst (soll geschehen)" (Markus 14,36).

Gewaltverzicht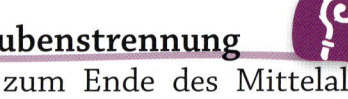

Gewaltverzicht ist die Botschaft des Evangeliums. → Jesus hat sich stets gegen die Anwendung von Gewalt ausgesprochen. Als bei seiner Verhaftung ein Jünger sein Schwert zog und einen Diener des Hohenpriesters ein Ohr abschlug, sagte er zu ihm: „Steck dein Schwert in die Scheide; denn alle, die zum Schwert greifen, werden durch das Schwert umkommen" (Matthäus 26,52). Das soll deutlich machen: Gewalt darf nicht mit Gewalt beantwortet werden. Durch Gewalt entsteht nur neue Gewalt. So lässt sich die Welt nicht ändern.

Gewissen

Das Gewissen ist eine innere Stimme im Menschen, die ihn befähigt, zwischen „gut" und „böse" zu unterscheiden. Diese Stimme ist dem Menschen von → Gott geschenkt und sagt ihm, was er in bestimmten Situationen tun oder lassen soll. Bei allem, was der Mensch tut, ist er verpflichtet, sich an das zu halten, wovon er weiß, dass es gut und richtig ist. Im „Katechismus der Katholischen Kirche" heißt es: „Das Gewissen ist der verborgenste Kern und das Heiligtum des Menschen, in dem er allein ist mit Gott, dessen Stimme in seinem Innersten widerhallt" (1795). Christen orientieren ihr Gewissen und ihr Handeln an dem Hauptgebot der Gottes- und Nächstenliebe (→ Liebe) und an den Weisungen der → Zehn Gebote. Eine gründliche und regelmäßige Gewissenserforschung kann dabei eine große Hilfe sein.

Glaube

Glaube ist das Vertrauen des Menschen auf → Gott. Wer glaubt, ist nicht bloß davon überzeugt, dass es einen Gott gibt. Er meint vielmehr: „Ich vertraue mich Gott an. Ich nenne ihn Vater." Glaube ist wie Hoffnung und → Liebe ein empfindliches Pflänzchen, das man sorgfältig und regelmäßig pflegen muss. Wichtig ist, dass wir uns Zeit für Gott nehmen, oft mit ihm sprechen, das heißt beten. Nur wer mit Gott spricht, hat ihn auch zum Freund (→ Beten). Für den Glauben muss man also etwas tun, man muss in ihn investieren. Das Übrige tut dann Gott. Denn Glaube ist immer auch Gottes Werk.

Glaubenstrennung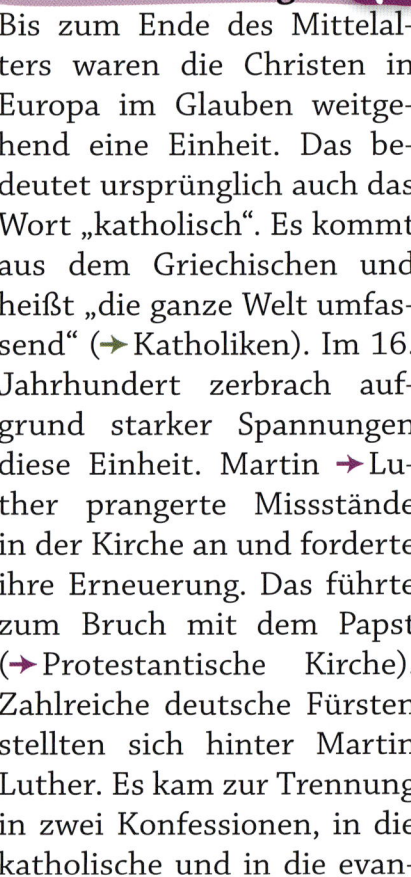

Bis zum Ende des Mittelalters waren die Christen in Europa im Glauben weitgehend eine Einheit. Das bedeutet ursprünglich auch das Wort „katholisch". Es kommt aus dem Griechischen und heißt „die ganze Welt umfassend" (→ Katholiken). Im 16. Jahrhundert zerbrach aufgrund starker Spannungen diese Einheit. Martin → Luther prangerte Missstände in der Kirche an und forderte ihre Erneuerung. Das führte zum Bruch mit dem Papst (→ Protestantische Kirche). Zahlreiche deutsche Fürsten stellten sich hinter Martin Luther. Es kam zur Trennung in zwei Konfessionen, in die katholische und in die evangelische Konfession.

Im Augsburger Religionsfrieden 1555 wurde beschlossen, dass die Landesfürsten entscheiden, welche Konfession in ihrem Land gilt. Ihre Untertanen mussten entweder diese Konfession annehmen oder das Land verlassen. In Nord- und Süddeutschland kann man heute oft noch erkennen, welche Konfession die Landesfürsten damals gewählt haben.

Gleichnisse

Jesus sprach zu den Menschen oft in Gleichnissen, d. h. er erzählte ihnen anschauliche Geschichten, um mit ihrer Hilfe bestimmte Gedanken zu verdeutlichen. Er wollte seine Zuhörer durch Gleichnisse auf etwas ganz Wichtiges in ihrem Leben aufmerksam machen.

Zu den schönsten Gleichnissen, die uns in den Evangelien erzählt werden, gehören: das Gleichnis vom Sämann (Lukasevangelium 8,4-15), die Gleichnisse vom Schatz und von der Perle (Matthäusevangelium 13,44-46), die Gleichnisse vom verlorenen Schaf und von der verlorenen Drachme (Lukasevangelium 15,1-10), das Gleichnis von den Arbeitern im Weinberg (Matthäusevangelium 20,1-16), das Gleichnis vom verlorenen Sohn (Lukasevangelium 15,11-32).

Viele Gleichnisse Jesu handeln vom → Reich Gottes. So vergleicht Jesus einmal das Reich Gottes mit einem winzigen Senfkorn, das zu einem großen Baum heranwächst. Damit will er seinen Zuhörern sagen: Das Reich Gottes ist schon da, noch winzig wie ein Senfkorn, aber es wird wachsen und groß werden (Matthäusevangelium 13,31-32).

Glocken

Im Turm der meisten Kirchen hängen große, schwere Glocken. Viele Kirchen haben zwei Glocken. Es gibt aber auch Kirchen, die drei der vier Glocken haben. Glocken sind Metallgefäße, die beim Anschlagen des Pendels läuten. Sie werden meistens aus Bronze, einer Legierung aus 80 % Kupfer und 20 % Zinn, gegossen. Ganz früher benutzte man in den Klöstern Schlaghölzer. Dann erfand man kleine Glocken. Um das

Jahr 800 herum hatten sich diese dann überall – in Stadt und Land – verbreitet. Glocken läuten vor allem an Sonntagen, um die Gläubigen zu Gebet und Gottesdienst zu rufen. Sie läuten auch, wenn sie Freude zum Ausdruck bringen wollen, etwa bei einer → Prozession oder bei hohen Festen. Auch bei drohenden Unwettern läuten mancherorts die Glocken. Nach dem Gloriagesang am → Gründonnerstag schweigen die Glocken bis → Ostern. So wird an das Leiden und den Tod Jesu erinnert. Eine Legende sagt: Alle Glocken fliegen in diesen Tagen nach Rom. Im Gloria der Osternacht stimmen die Glocken dann wieder in den Jubel ein.

Gloria

→ Ehre sei Gott in der Höhe

Gnade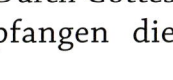

Gott schenkt dem Menschen seine Gnade. Das heißt in der Bibel: → Gott meint es gut mit den Menschen. Er wendet ihnen seine Freundlichkeit und Barmherzigkeit zu. Durch Gottes Gnade empfangen die

Menschen Leben und Heil, ohne darauf einen Anspruch zu haben. Dass Gott seinen Sohn → Jesus zur Rettung der Menschen hingibt, ist für den Apostel → Paulus die größte Gnadentat Gottes (Römer 3,23ff.).

Goldene Regel

Die Goldene Regel steht im Matthäusevangelium (7,12) und lautet: „Alles, was ihr von anderen erwartet, das tut auch ihnen!" → Jesus spricht diese Regel in der sogenannten → „Bergpredigt" aus und legt sie nicht nur seine Jüngern, sondern auch jedem von uns ans Herz.

Golgota

Golgota (hebr. = Schädelhöhe) ist ein nach seiner schädelartigen Form benannter Hügel außerhalb der Stadtmauer von → Jerusalem. In allen vier → Evangelien wird er als Ort der Kreuzigung Jesu genannt.

Goliat

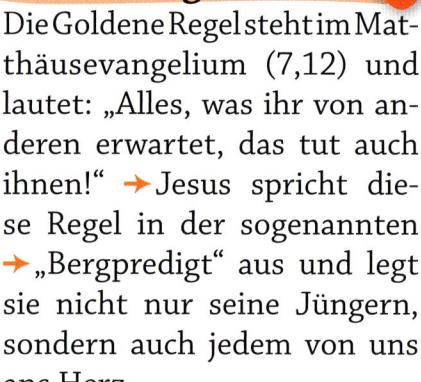

Goliat war ein Krieger der Philister aus Gat. Er versetzte das Heer König Sauls durch seine Erscheinung in Angst und Schrecken, denn er war so stark wie zehn Männer und so groß wie ein Baum. Er fragte die Israeliten: „Wer von euch will mit mir kämpfen?" Keiner traute sich – außer → David. Der kleine Hirtenjunge wollte den Riesen mit Gottes Hilfe besiegen. Sein Mut wurde belohnt: David tötete Goliat mit einem Stein aus seiner Steinschleuder (1 Samuel 17,1-58).

Gott, dreifaltiger

Gott zeigt sich in der Gestalt von drei Personen: als Vater, Sohn und → Heiliger Geist. Aber diese drei Personen sind *ein* Gott, dem wir begegnen und den wir im Gebet ehren. Auf diesen Gott sind wir getauft: Im Namen des Vaters und des Sohnes und des Heiligen Geistes (→ Taufe). Wir können es auch so sagen: Gott ist wie eine Familie: Vater, Mutter, Kind – das sind drei Personen und doch bilden sie eine Einheit. Sie sind eins in der Liebe zueinander. Sie tragen einen gemeinsamen Familiennamen, haben aber verschiedene Vornamen.

„Gott ist dreifaltig einer; der Vater schuf die Welt, der Sohn hat uns erlöset, der Geist uns auserwählt", heißt es in einem Kirchenlied (Gotteslob Nr. 489). Wir werden nie begreifen, was das bedeutet. Unsere Sprache reicht nicht aus, um die Größe Gottes und seine Liebe zu uns zu erklären. Wir können es nur ahnen und mit unvollkommenen Worten zu umschreiben suchen. Aber Gott ist immer größer.

Gottesacker → Friedhof

Gottesdienst

Unter Gottesdienst versteht man das gemeinsame → Beten und Singen der Gläubigen, die zusammengekommen sind, um

→Gott zu preisen und zu loben. Der Gottesdienst findet in der Regel in der →Kirche statt und wird meistens von einem →Priester oder →Diakon geleitet. Die Gottesdienstformen sind vielfältig. Im Zentrum aller gottesdienstlichen Feiern steht die heilige →Messe, die Eucharistiefeier. Darum legt sich der Kreis der übrigen Feiern: Wortgottesdienste, Bußgottesdienste, Andachten, Prozessionen, Wallfahrten usw.

Götzen

Götzen sind Heiligtümer des Alltags, die dem Menschen zum Selbstzweck geworden sind. Sie sind an die Stelle Gottes getreten und werden vom Menschen verehrt und angebetet. Beruflicher Aufstieg, wachsendes Bankkonto, technische Errungenschaften – alle diese Dinge sind in sich gut, nur dürfen sie nicht zu wichtig und schon gar nicht so wichtig wie →Gott genommen werden. Beim Propheten →Jesaja heißt es: „Ein Nichts sind alle, die ein Götterbild formen; ihre geliebten Götzen nützen nichts. Wer sich zu seinen Göttern bekennt, sieht nichts, ihm fehlt es an Einsicht; darum wird er beschämt (44,9).

Gründonnerstag

Der Donnerstag in der →Karwoche heißt Gründonnerstag (auch Hoher Donnerstag). Es ist der Tag, an dem →Jesus mit den →Jüngern das letzte →Abendmahl hielt (Matthäus 26,17-19.26-28). Einige sagen, der Name habe etwas mit dem Grün der jungen Kräuter zu tun, mit denen man an diesem Tag früher Suppen oder Salate zuzubereiten pflegte. Andere sagen, das Wort Grün gehe auf das alte Wort „greinen" zurück, was so viel heißt wie weinen, nämlich weinen über Jesus, der an diesem Tag von →Judas verraten wurde und in die Hände seiner Feinde fiel. In der Gründonnerstagsmesse ertönen beim Gloria-Gesang die Glocken und Glöckchen und auch die →Orgel spielt laut und eindringlich. Danach verstummen in der Kirche die Freudenklänge bis zum festlichen Amt in der Osternacht. Zur Erinnerung an die Zeit, in der Jesus tot im Grab lag, wird in der Kirche und mancherorts auch auf der Straße mit hölzernen Rasseln und Klappern zu Gebet und Trauer gerufen.

Gutenberg, Johannes

Johannes Gutenberg (um 1399–1468), eigentlich Johannes Gensfleisch zum Gutenberg, erfand 1450 in Mainz den Buchdruck. Durch seine Erfindung musste man dickere Bücher, unter ihnen auch die →Bibel, jetzt nicht mehr abschreiben. Die Gutenberg-Bibel in zwei Bänden mit 1282 Seiten war die erste gedruckte Bibel, die er mit 20 Mitarbeitern in Mainz herstellte. Etwa 30 Exemplare dieser Bibel sind noch erhalten. Heute gehört die Bibel zum meistgedruckten Buch der Welt.

Hahn

Auf vielen Kirchturmspitzen (→Kirche, Haus Gottes) ist oben ein Hahn befestigt. Er erinnert uns an den heiligen →Petrus. In der Bibel steht, dass ein Hahn laut gekräht hat, als Petrus →Jesus verleugnet hat. Dreimal fragte jemand Petrus: „Gehörst du nicht zu Jesus?" Jedes Mal hat Petrus gesagt: „Nein, ich kenne Jesus nicht." Kurz darauf krähte ein Hahn (vgl. Markus 14,66-72).

Der Hahn will uns zum Nachdenken bringen. Er ruft uns vom Kirchturm aus zu: „Seid wachsam! Haltet treu zu Jesus! Kehrt zu ihm zurück, wenn ihr ihm einmal untreu geworden seid!" Auf alten Bauernhöfen weckt der Hahn am frühen Morgen Menschen und Tiere. Ähnlich ruft uns der Hahn auf der Kirche zur Wachsamkeit auf. „Wachet auf, ruft uns die Stimme", heißt es in einem alten Kirchenlied aus dem 16. Jahrhundert (Gotteslob Nr. 110).

Halleluja

Der hebräische Jubelruf „Halleluja" (auch Alleluja) heißt „Lobet Gott" und ist zum Jubelruf der Christen geworden. Wir rufen das Halleluja vor allem vor dem Evangelium, in dem uns → Jesus in seinem Wort gegenübertritt. Der Ruf Halleluja ist einfach der Ausdruck der Freude an unserem Glauben. Besonders häufig singen wir das Halleluja in der Osterzeit (zum Beispiel Gotteslob Nr. 223), in der → Fastenzeit dagegen entfällt es.

Handauflegung

Die Handauflegung ist eine Geste der Kraftübertragung und des → Segens. Beim Empfang der Sakramente, zum Beispiel bei der → Firmung oder bei der → Krankensalbung, oder auch beim Primizsegen eines Neupriesters (→ Primiz) ist sie ein wichtiges Zeichen. Wird eine ganze Gruppe gleichzeitig gesegnet, etwa zum Schluss eines Gottesdienstes, so wird die Handauflegung durch das Ausstrecken der Hände dargestellt. In der Bibel steht die schöne Geschichte, wie → Jesus einmal den Kindern, die von ihren Eltern zu ihm gebracht wurden, seine Hände auf den Kopf legte und sie segnete (Markus 10,13-16).

Hedwig von Schlesien

Hedwig wurde 1174 auf Schloss Andechs als Tochter des Grafen Berthold IV. von Andechs-Meranien geboren. Von ihrer Tante im Benediktinerinnenkloster in Kitzingen erzogen, wurde sie mit 18 Jahren mit Herzog Heinrich I. von Schlesien verheiratet. Sie half ihrem Mann bei der Kultivierung Schlesiens, rief viele Orden ins Land, kümmerte sich besonders um Arme und Kranke und verbesserte das Los der Strafgefangenen in den Gefängnissen. Nach dem Tod ihres Mannes trat sie in das Kloster Trebnitz als Ordensfrau ein. Sie starb am 15. Oktober 1243 und wurde schon am 26. März 1267 heiliggesprochen. Das Fest der heiligen Herzogin ist am 16. Oktober.

Heiland

Ältere Gebete beginnen oft mit der Anrede: „Lieber Heiland". Heiland ist eine Bezeichnung für → Jesus Christus. Das Wort ist abgeleitet vom althochdeutschen „heilant" oder dem altsächsischen „heliand". Es will besagen, dass Jesus der Erlöser und Retter ist. Heiland klingt an die Bedeutung des Namens Jesus an: Jahwe ist Heil.

Heilige

Heilige sind Menschen, die → Gott ganz gehören wollen. Sie versuchen, ihr Leben wie → Jesus zu leben, und bringen das Evangelium in die Welt. So dienen sie Gott und den Menschen in ganz besonderer Weise. Es gab zu allen Zeiten Heilige. → Märtyrer waren dabei, Einsiedler, Mönche, Fürstentöchter, Könige oder einfache Arbeiter und Bauern. Auch heute gibt es noch viele Heilige. In unseren Kirchen finden wir oft Bilder und Figuren von Heiligen. Wir

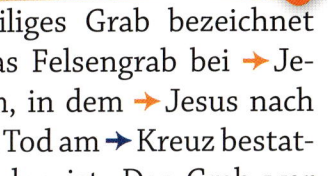

erkennen sie an den verschiedenen Gegenständen, die sie bei sich tragen. So hat → Petrus immer einen Schlüssel bei sich, → Barbara einen Turm oder einen Kelch oder → Nikolaus drei goldene Äpfel. Wir danken Gott für die vielen Heiligen, die er uns geschenkt hat. Sie begleiten uns auf unserem Lebensweg als gute Freunde und zeigen uns, wie wir heute mit Gott leben können.

Heilige Familie (Fest)

Das Fest der Heiligen Familie feiert die Kirche am Sonntag nach → Weihnachten (sonst am 30. Dezember). Papst Leo XIII. (1878–1903) hat es in der Kirche eingeführt. Er wollte damit alle christlichen Familien auf das Vorbild der Heiligen Familie in → Nazaret hinweisen. Das Fest will uns durch den Blick auf → Maria, → Josef und das Jesuskind an die hohe Bedeutung der Familie als Ort der Liebe und des Vertrauens, der Geborgenheit und der Sicherheit erinnern.

Heiligenschein

Der Heiligenschein ist ein Lichtschein, ein heller Ring oder ein Strahlenkranz um den Kopf (oder die ganze Gestalt) eines Heiligen, mit dem dieser in der darstellenden Kunst abgebildet wird. Er ist ein Symbol für die Heiligkeit der dargestellten Person. Der Heiligenschein wird auch Nimbus (lat. = Wolke) oder Gloriole (lat. gloria = Ruhm) genannt. Er war schon in der antiken Kunst üblich, in der christlichen Kunst im 4. Jahrhundert n. Chr.

Heiliger Geist

Nach christlicher Lehre ist der Heilige Geist neben dem Vater und dem Sohn die dritte Person des dreifaltigen Gottes (→ Gott, dreifaltiger). Im Großen Glaubensbekenntnis bekennt die Kirche: „Wir glauben an den Heiligen Geist, der Herr ist und lebendig macht, der aus dem Vater und dem Sohn hervorgeht, der mit dem Vater und dem Sohn angebetet und verherrlicht wird. Der gesprochen hat durch die Propheten." Im Neuen Testament kommt der Heilige Geist bei der Empfängnis über die Jungfrau → Maria (Lukas 1,26-38). Nach der Taufe, die → Jesus von → Johannes dem Täufer im Jordan empfangen hat, kommt der Heilige Geist als Taube auf Jesus herab (Matthäus 3,16). In der christlichen Kunst wird der Heilige Geist meist in Gestalt einer → Taube dargestellt.

Heilige Schrift → Bibel

Heiliges Grab

Als Heiliges Grab bezeichnet man das Felsengrab bei → Jerusalem, in dem → Jesus nach seinem Tod am → Kreuz bestattet worden ist. Das Grab war eine in einen Felsen gehauene Höhle und lag in einem Garten in der Nähe von → Golgota.

Über dem Grab wurde später die berühmte Jerusalemer Grabeskirche errichtet. In manchen Gegenden wird heute in der Kirche zum Gedenken an den Tod und die Auferstehung Jesu ein „Heiliges Grab" aufgestellt. Es wird – ähnlich wie die Krippe zu Weihnachten – von → Gründonnerstag bis → Karsamstag von den Gläubigen besonders verehrt.

Heiliges Land (Palästina)

Das Heilige Land ist eine Bezeichnung für Palästina. Palästina ist ein Landstrich zwischen dem Libanon im Norden, dem Negeb im Süden, dem Mittelmeer im Westen und der syrisch-arabischen Wüste im Osten. Hier spielte sich der größte Teil der biblischen Erzählungen ab. Heiliges Land heißt Palästina vor allem deswegen, weil hier → Jesus geboren wurde, einige Jahre die Frohe Botschaft vom → Reich Gottes verkündet hat und hier gestorben und auferstanden ist.

Herodes Antipas

Herodes Antipas war der Sohn → Herodes' des Großen und Tetrarch (Herrscher) von → Galiläa und Peräa (4. v. bis 39 n.

Chr.). Er ließ → Johannes den Täufer gefangen nehmen und auf Wunsch seiner Stieftochter Salome enthaupten (Markus 6,17-29). Später verspottete er → Jesus und zeigte ihm seine Verachtung, als dieser ihm im Verhör keine Antwort gab (Lukas 23,6-12).

Herodes der Große

Herodes der Große (griech. = Held) war von 37 bis 4 v. Chr. König von Judäa. In den letzten Jahren seiner Regierungszeit wurde → Jesus geboren. Weil er nach der Geburt des „neugeborenen Königs der Juden" um seine Macht fürchtete, wollte der grausame Tyrann das Jesuskind umbringen lassen. Deshalb ließ er in → Betlehem und der ganzen Umgebung alle Jungen bis zum Alter von zwei Jahren töten (Matthäus 2,16-18).

Hieronymus

Hieronymus (347–419/420) war einer der vier abendländischen Kirchenväter. Der hochgebildete Priester, Klostergründer und Sekretär von Papst Damasus I. verfasste zahlreiche exegetische, historische und theologische

Bücher. Sein bekanntestes Werk war die „Vulgata", die Übersetzung der ganzen Bibel ins Lateinische, die seit 400 n. Chr. die vorherigen lateinischen Übersetzungen ablöste. Hieronymus wird mit einem Löwen dargestellt, weil er ein sehr temperamentvoller Mensch war, der leicht zornig wurde. Sein Festtag ist am 30. September.

Hildegard von Bingen

Hildegard von Bingen (1098–1179) war eine großartige Frau im Mittelalter. Sie gründete zwei Klöster und war Äbtissin des Benediktinerinnenklosters Rupertsberg am Rhein. Seit der Kinderzeit schwach und oft kränklich, verstand sie viel von den Kräften der Natur und der Möglichkeit, Krankheiten zu heilen. Außerdem hatte sie die Gabe, manches vorauszusehen. Hildegard wechselte Briefe mit Fürsten, Bischöfen, dem Kaiser und dem Papst. Sie wagte es, den Mächtigen der Welt ins Gewissen zu reden. Auf einer Missionsfahrt in Deutschland predigte sie in vielen Orten Buße und stiftete Frieden. Neben medizinischen und naturkundlichen Schriften (z. B. „Scivias") schrieb sie zahlreiche Lieder und Gedichte. Das Fest der heiligen Hildegard ist am 17. September.

Himmel

Christen sagen, dass → Gott im Himmel wohnt. Aber wo ist der Himmel? Himmel ist nicht ein bestimmter Ort, etwa über den Wolken; dort, wo die Astronauten kreisen. Himmel – und damit Gott – ist mitten unter den Menschen. Gott ist uns überall nahe. Er ist besonders dort, wo ihn Menschen suchen und lieben. Er ist überall da, wo Menschen einander → Liebe und Freude, Verständnis und Verzeihen entgegenbringen. Wir können es auch so sagen: Dort, wo Menschen zueinander gut sind, da ist der Himmel. Wo Menschen einander lieben, da wohnt Gott.

Hirte, der gute

Der gute Hirte ist ein Symbol für → Jesus. Auf vielen Bildern ist Jesus als ein Hirte abgebildet, der ein → Schaf auf seinen Schultern trägt. Das will sagen: Wenn sich einmal ein Schaf verirrt, macht er sich auf den Weg, um es zu suchen. Und wenn er es gefunden hat, bringt er es auf den Schultern in den Stall zurück. Im Johannesevangelium (10,11) sagt Jesus: „Ich bin der gute Hirte." Das heißt: Er ist zu uns wie ein guter Hirte zu seinen Schafen. Er sorgt für uns und passt auf, damit uns nichts passiert. Bei ihm dürfen wir uns beschützt und geborgen fühlen. Er sucht uns, wenn wir uns verlaufen haben. Mit Psalm 23, dem „Gute-Hirte-Psalm", können wir beten: „Der Herr ist mein Hirte, nichts wird mir fehlen. Er lässt mich ausruhen auf grünen Wiesen und führt mich zum Ruheplatz am Wasser. Er gibt mir alles, was ich brauche; er führt mich auf den richtigen Weg, auf ihn kann ich mich verlassen."

Hochamt

Das Hochamt ist – im Unterschied zum schlichten Werktagsgottesdienst – die feierlich gesungene heilige → Messe. Sie wird vor allem an hohen Festtagen gefeiert. Besonders feierlich wird das Hochamt durch den Gesang des Kirchenchors und/oder durch die Anwesenheit von Musikern, die auf Geigen, Flöten oder Trompeten den Gesang begleiten.

Hochfest der Gottesmutter Maria

Das Hochfest der Gottesmutter Maria feiert die Kirche am Neujahrstag. Acht Tage nach → Weihnachten, dem Geburtsfest Jesu, ehren wir → Maria, die junge Frau aus → Nazaret, dass sie den Sohn Gottes geboren hat. Bereits im 7. Jahrhundert ist für den 1. Januar ein Marienfest bezeugt.

Hochgebet, eucharistisches

Das eucharistische Hochgebet ist das feierliche Lob- und Dankgebet in der heiligen → Messe. Im Mittelpunkt stehen die Worte, die → Jesus beim letzten → Abendmahl gesprochen hat und jetzt vom → Priester über die Gaben von → Brot und Wein wiederholt werden. Durch diese Worte werden Brot und Wein in den Leib und das Blut Christi verwandelt. Das eucharistische Hochgebet beginnt mit der → Präfation und endet mit dem Lobpreis Gottes: „Durch ihn und mit ihm und in ihm ist dir, Gott, allmächtiger Vater, in der Einheit des Heiligen Geistes alle Herrlichkeit und Ehre jetzt und in Ewigkeit. Amen."

Hoherpriester

Hoherpriester war der oberste Priester am → Tempel in → Jerusalem. Er hatte die Oberaufsicht über den Tempel und den Opferdienst. Als Einziger durfte er einmal im Jahr den heiligsten Bereich des Tempels, das Allerheiligste, betreten. – Den Namen „Hoherpriester" trugen nach den Evangelien auch die führenden Priester aus den vornehmen Jerusalemer Familien. Sie gehörten neben den Ältesten und Schriftgelehrten zu den Mitgliedern des → Hohen Rates.

Hoher Rat

Der Hohe Rat war die höchste Verwaltungs- und Gerichtsbehörde der Juden zur Zeit der Römer. Er bestand aus 70 Mitgliedern, die sich täglich im Tempel trafen. Zu ihnen gehörten die Ältesten, Schriftgelehrten und → Hohenpriester, von denen viele Sadduzäer und → Pharisäer waren. → Jesus wurde vor dem Hohen Rat angeklagt.

Hölle

Wenn früher die Menschen von der Hölle redeten, dann stellten sie sich oft einen Platz tief unter der Erde vor, wo die Menschen nach ihrem → Tod hinkommen – jedenfalls dann, wenn sie sich nicht bekehren wollen. Dort soll die ganze Zeit ein Feuer brennen, in dem die Menschen „Höllenqualen" erleiden. Das ist sicher nicht richtig. Hölle meint etwas anderes. Hölle meint: Wenn sich ein Mensch im Leben nie um → Gott gekümmert hat, dann wird sich auch Gott nicht um ihn kümmern, wenn er nicht mehr lebt. Wer sein ganzes Leben gemein war und anderen Menschen wehgetan hat, ohne es zu bereuen, darf nicht damit rechnen, dass er nach seinem Tod bei Gott sein kann. Hölle heißt: immer und ewig von Gott getrennt sein. Es kommt niemand „in die Hölle", der es nicht selber will! „In der Hölle" gibt es nur Freiwillige!

Homilie → Predigt

Horeb → Sinai, Berg

Hosanna

Hosanna oder Hosiannah ist ein hebräisches Wort und heißt übersetzt: „Hilf doch!" Der Hilferuf wird zum Jubelruf, mit dem → Jesus einige Tage vor dem Osterfest beim Einzug in → Jerusalem vom Volk begrüßt wird: „Hosanna dem Sohne Davids! Gesegnet sei, der da kommt im Namen des Herrn! Hosanna in der Höhe!" (Matthäus 21,9). Im → Sanctus der heiligen → Messe wird der Ruf übernommen, wenn wir beten oder singen: „Hosanna in der Höhe!"

Hostie

Das Wort Hostie stammt von dem lateinischen Begriff „hostia" ab. Er bedeutete ursprünglich „Schlachtopfer, Sühneopfer". Später bezeichneten die Christen ihre Gaben → Brot und Wein als „hostia". Die frühen Christen brauchten für die → Kommunion

das für

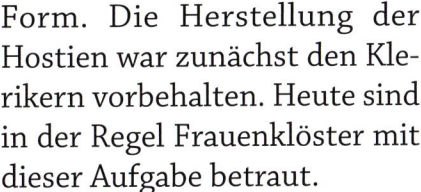

den häuslichen
Gebrauch hergestellte Brot, das sie zum Gottesdienst mitbrachten. Aus Gründen der Zweckmäßigkeit wurden im 11. und 12. Jahrhundert die kleinen Hostien eingeführt. Schon damals erhielten sie die heute noch übliche runde Form. Die Herstellung der Hostien war zunächst den Klerikern vorbehalten. Heute sind in der Regel Frauenklöster mit dieser Aufgabe betraut.

Hungertuch

In der → Fastenzeit wird in manchen katholischen Kirchen ein Hunger- oder Fastentuch aufgehängt. Ursprünglich – vor etwa 400 Jahren – wurden damit die wertvollen Bilder im Altarraum verdeckt. Für die Menschen damals war es ein „Fasten mit den Augen". Später hat man auf das Hungertuch Zeichen und Bilder gestickt, die auf die Fastenzeit und auf das Leiden Jesu hinweisen. Seit einigen Jahren begleiten neue Hungertücher, die von dem Bischöflichen Hilfswerk „Misereror" herausgegeben werden, die Menschen durch die vorösterlichen Wochen. Manche Pfarrgemeinden stellen auch eigene Hungertücher her.

IHS

Die griechischen Anfangsbuchstaben des Namens Jesus sind IHS. (Der griechische Buchstabe E wird H geschrieben.) Man nennt die drei Buchstaben das Jesus-Monogramm. Ein Monogramm ist ein Erkennungszeichen aus Buchstaben.

Ijob (Hiob)

Ijob (hebr. = Wo ist der Vater?) ist die Hauptgestalt des gleichnamigen Buches im Alten Testament. Der reiche und gerechte Mann wird von → Gott auf die Probe gestellt. Ihm wird alles genommen, was er besitzt: Seine Herden werden gestohlen, seine Knechte erschlagen und seine Kinder unter einem einstürzenden Haus begraben. Schließlich verliert er noch seine Gesundheit. Trotzdem hält Ijob an Gott fest und ergibt sich in seiner Not ganz in Gottes Willen. Am Ende erfährt er wieder neues Glück. – Noch heute sprechen wir, wenn uns eine schlechte Nachricht erreicht, von einer „Hiobsbotschaft".

Immanuel

Immanuel kommt aus dem Hebräischen und bedeutet „Gott ist mit uns". Mit Immanuel ist → Jesus gemeint, von dem es im Matthäusevangelium heißt: „Seht, die Jungfrau wird ein Kind empfangen, einen Sohn wird sie gebären, und man wird ihm den Namen Immanuel geben, das heißt übersetzt: Gott ist mit uns" (1,23).

INRI

Die vier Buchstaben INRI standen auf dem Schild, das → Pilatus oben am Kreuz Jesu befestigen ließ. Sie sind eine Abkürzung für: Iesus Nazarenus Rex Iudaeorum, auf Deutsch: Jesus von Nazaret, König der Juden (Johannesevangelium 19,19).

Inspiration

Inspiration (lat. = Anhauch, Eingebung) meint den Einfluss des Geistes Gottes auf die biblischen Bücher. Nach Lehre der Kirche hat der → Heilige Geist die Verfasser der Schriften der → Bibel bei ihrer Niederschrift angeleitet und inspiriert. Im „Katechismus der Katholischen Kirche" heißt es: „Das von Gott Geoffenbarte, das in

der Heiligen Schrift schriftlich enthalten ist und vorliegt, ist unter dem Anhauch des Heiligen Geistes aufgezeichnet worden" (105). Der Heilige Geist diktierte also den Verfassern der biblischen Bücher nicht ihre Texte, sondern er erleuchtete die Autoren so, dass sie in ihren Schriften trotz aller Zeitbedingtheit die göttliche Wahrheit niederschrieben.

Isaak

Isaak (hebr. = Er lacht) war der Sohn → Abrahams und dessen Frau Sara. Seine Mutter brachte ihn nach Gottes Verheißung noch in hohem Alter zur Welt (Genesis 18,9-15; 21,1-8). Isaak heiratete Rebekka, die ihm die Zwillinge Esau und → Jakob gebar. Als alter und erblindeter Mann wurde er von seinem Sohn Jakob überlistet. Dieser hatte sich mit Unterstützung seiner Mutter als Esau ausgegeben, um von Isaak den Segen zu erhalten, der eigentlich dem erstgeborenen Esau zugestanden hätte (Genesis 27).

Israel (Israeliten)

Jakob, ein Sohn von → Isaak und Rebekka, erhielt nach

einem Kampf mit Gott (Genesis 32,23-33) den Namen „Israel" (Gottesstreiter). Das Volk Israel sah in ihm seinen Stammvater, weshalb sie sich „Israeliten" nannten. Auch das Land Kanaan wurde später Land Israel genannt. Als das Reich des Königs → Salomo nach dessen Tod auseinanderbrach, nannte sich das Nordreich „Israel". Seine Hauptstadt war → Samaria. Das Nordreich wurde später von den Assyrern erobert und zerstört. Seit 1949 gibt es wieder einen Staat Israel, dessen Bewohner sich „Israelis" nennen.

J

JAHWE

JAHWE ist der im Alten Testament genannte Gottesname. Er wird von den Juden aus Ehrfurcht nicht ausgesprochen. Sie ersetzen ihn durch die Anrede „Adonai", das ist das hebräische Wort für „Herr". Die Bibel (Exodus 3,14) erzählt, wie Gott → Mose seinen Namen nennt und ihm dessen Bedeutung erklärt. Gottes Name ist JAHWE, das heißt übersetzt: „Ich bin der Ich-bin-da" (→ Name

Gottes). Gott ist der, der da ist und immer da sein wird.

Jakob

Jakob (hebr. = Gott schützte) war der Sohn → Isaaks und Rebekkas und der jüngere Zwillingsbruder Esaus. Von Esau erkaufte er sich um ein Linsengericht das Erstgeburtsrecht und erschlich sich mit Hilfe seiner Mutter den Segen seines Vaters Isaak. Aus Angst vor Esaus Rache floh Jakob zu seinem Onkel Laban und heiratete nach vielen Hindernissen zunächst dessen ältere Tochter Lea und dann dessen Tochter Rahel, die seine Lieblingsfrau war (Genesis 29,1–30,24). Jakob hatte zwölf

Söhne, die später die Stammväter (Vorfahren) der zwölf Stämme Israels wurden.

Jeremia

Jeremia (hebr. = JHWH erhöht) war ein großer Prophet im 7. Jahrhundert. Er stammte aus einer vornehmen Priesterfamilie und lebte während der letzten Jahre des Reiches → Juda. Entschlossen wandte er sich gegen die Verehrung und Anbetung des Götzen → Baal durch die Bevölkerung. Jeremia sagte den Untergang → Jerusalems und die 50-jährige Gefangenschaft Israels in Babylon (→ Babylonische Gefangenschaft) voraus. Aufgrund zahlreicher Verfolgungen floh der Prophet nach Ägypten. Nach Jeremia ist das gleichnamige Buch im → Alten Testament benannt.

Jericho

Jericho ist wohl die älteste bekannte Stadt der Welt. Sie liegt 250 m unter dem Meeresspiegel im Jordangraben, inmitten einer tro-

pischen Oase. Deshalb wird sie auch „Palmenstadt" genannt (Deuteronomium 34,3). Im Alten und Neuen Testament kommt „Jericho" mehrmals vor. Auf Jericho darf → Mose vor seinem Tod – vom Berg Nebo aus – hinabschauen (Deuteronomium 32,48-52; 34,1). Jesus heilt beim Verlassen der Stadt den blinden Bartimäus (Markus 10,46). In Jericho nimmt der Zöllner → Zachäus Jesus in sein Haus auf (Lukas 19,1-10). Auf dem Weg von → Jerusalem nach Jericho spielt die Erzählung vom barmherzigen → Samariter (Lukas 10,30-35).

Jerusalem

Jerusalem liegt im judäischen Bergland, etwa 800 m über dem Meeresspiegel. Zur Zeit von König → David (ca. 1000 v. Chr.) war der Ort noch sehr klein, wuchs aber im Laufe der Jahrhunderte zu einer mächtigen Stadt heran. König → Salomo baute hier einen → Tempel, der von den Babyloniern zerstört und später von den Juden wiederaufgebaut wurde. Zum Tempel in Jerusalem gab es viele Wallfahrten, besonders an den drei großen Festen Pascha, Wochenfest und Laubhüttenfest. Für Christen ist Jerusalem bis heute die Stadt des Todes und der Auferstehung Jesu. In Jerusalem kam am Pfingsttag der Geist Gottes auf die → Jünger herab (Apostelgeschichte 2,1-15). In Jerusalem begann die Predigt der Apostel, hier bildete sich die erste Gemeinde (Urgemeinde) der Christinnen und Christen.

Jesaja

Jesaja (hebr. = JHWH rettet) wirkte als Prophet im Südreich → Juda von ca. 740–700 v. Chr. Vielleicht war er der Sohn des Amos und der Bruder von Judas König Amazja. Nach Jesaja ist das gleichnamige Buch im → Alten Testament benannt. Der Prophet sagte den Untergang → Jerusalems voraus und kündigte Unheil über die Reiche Juda und → Israel an. Jesaja prophezeite auch das Kommen eines → Messias, der ein neues Reich aufbauen wird (Jesaja 7,10-17).

Jesus

Jesus (hebr. Josua = JAHWE ist Rettung) wurde vor über 2000 Jahren in dem Land geboren, das heute → Israel heißt. Wir Christen glauben: Jesus ist

Gottes Sohn, der als kleines, unscheinbares Kind auf die Welt kam. Als Jesus erwachsen war, zog er mit seinen Freunden und Freundinnen im Land umher. Jesus erzählte den Menschen von → Gott und lud sie ein, ihm nachzufolgen. „Gott ist für alle da, für große und für kleine Leute", sagte er. Jesus tat viel Gutes für die Menschen. Er heilte Kranke und war auch bei denjenigen zu Gast, die niemand so recht leiden mochte. Er wünschte sich, dass alle einander lieben sollten (Lukas 7–8). Doch Jesus hatte nicht nur Freunde, sondern auch Feinde. Sie sagten: „Dieser Mensch tut so, als ob er Gott selbst wäre. Das dürfen wir nicht zulassen." Jesus wurde durch den römischen Statthalter Pontius → Pilatus zum Tode verurteilt und musste am → Kreuz sterben (Matthäus 27,31ff.) Doch Gott ließ seinen Sohn nicht im Stich und hat ihn vom Tode auferweckt (→ Ostern). Seitdem lebt Jesus bei Gott.

Johannes (Apostel und Evangelist)

Johannes gehört zu den Jüngern, die → Jesus als Erste in seine Nachfolge gerufen hat (Markus 3,17). Die Kirche verehrt ihn als Lieblingsjünger Jesu. Bevor Jesus am → Kreuz starb, bat er ihn, seine Mutter zu sich zu nehmen (Johannes 19,27). Johannes gilt als Verfasser des vierten Evangeliums, mehrerer Briefe und der Geheimen Offenbarung, auch wenn das nicht ganz sicher ist. An seinem Festtag (27. Dezember) wird in der Kirche Wein gesegnet: der Johanneswein. Die Legende erzählt, dass man Johannes vergifteten Wein gegeben hat, um ihn umzubringen. Aber er blieb am Leben. Johannes starb in Ephesus (heute Türkei) zu Beginn des 2. Jahrhunderts.

Johannes der Täufer

Am 24. Juni ist das Fest der Geburt Johannes' des Täufers (Johannistag). Johannes (hebr. = Jahwe ist gnädig) war der Sohn des jüdischen Priesters Zacharias und seiner Frau → Elisabet. Er wusste, dass der → Messias kommen musste, um alle Menschen zu erlösen. Deshalb zog er sich in die Wüste zurück und führte ein einfaches Leben. Viele Leute folgten Johannes, weil sie glaubten, er sei der Messias. Johannes aber sagte: „Ich bin es nicht. Da kommt ein ande-

rer. Dem bereite ich den Weg. Ihr aber müsst euch ändern und bessere Menschen werden!" Viele bereuten daraufhin ihre Sünden und ließen sich von Johannes taufen. Auch → Jesus kam zu Johannes und ließ sich von ihm taufen. Als Johannes eines Tages König → Herodes Antipas sagte, er dürfe die Frau seines Bruders nicht zur Frau haben, ließ ihn dieser bei einem Fest enthaupten (Markus 6,17-29).

Johannisfeuer

Die Johannisnacht, die Nacht vom 23. zum 24. Juni, wird in manchen Gegenden erhellt von weithin leuchtenden Johannis- oder Sonnenwendfeuern. Die Zeit der Sonnen-wende, die kürzeste Nacht des Jahres, ist da und wird mit mächtigen Feuern, Musik und Tanz gefeiert. Johannisnacht und Johannisfeuer gehören zu dem Brauchtum, das schon in vorchristlicher Zeit bei unseren Vorfahren gepflegt wurde (→ Johannes der Täufer).

Jona

Jona (hebr. = Taube) war ein Prophet im 8. Jahrhundert v. Chr. im Nordreich → Israel. Das nach ihm benannte alttestamentliche Buch erzählt eine spannende Geschichte: Jona wird von Gott zu den heidnischen Bewohnern der Stadt Ninive geschickt, um ihnen Buße zu predigen. Doch Jona entflieht dem Auftrag Gottes und besteigt ein Schiff. Als Gott einen großen Sturm schickt, bekennt er den Seeleuten seine Schuld. Diese werfen ihn über Bord, doch Jona überlebt auf wundersame Weise in einem Fischbauch. Darauf führt Jona Gottes Auftrag aus. Als Ninive Buße tut und deshalb von Gott nicht bestraft wird, hadert Jona mit Gott. Doch dieser belehrt Jona, dass Gott auch den Heiden gegenüber barmherzig ist.

Josef (Bräutigam Marias)

Josef stammte aus dem Geschlecht Davids und war der Bräutigam der Gottesmutter → Maria. Die Evangelien berichten nur wenig über ihn. Danach war Josef als Zimmermann in → Nazaret tätig und verlobte sich mit dem Mädchen Maria. Noch vor der Hochzeit empfing Maria auf wunderbare Weise ein Kind und Josef wollte sich in aller Stille von ihr trennen. Da erschien ihm im Traum ein → Engel und erklärte ihm das Wunder der Empfängnis. Dann ging Josef mit seiner hochschwangeren Frau zur Volkszählung nach → Betlehem, wo Maria → Jesus gebar. Er floh anschließend auf Rat eines Engels mit Mutter und Kind vor → Herodes nach Ägypten und kehrte nach Herodes' Tod nach Nazaret zurück. Als Jesus zwölf Jahre alt war, nahm Josef mit ihm an der Osterwallfahrt nach → Jerusalem teil. Dann berichten die Evangelien nicht mehr über ihn. Papst Pius IX. ernannte Josef im Jahre 1870 zum Schutzpatron der ganzen Kirche. Er wird heute besonders als Patron der Sterbenden angerufen. Sein Fest feiert die Kirche am 19. März.

Josef (Sohn Jakobs)

Josef (hebr. = [Gott] fügte hinzu) war der Sohn ➔ Jakobs (Israels) und Rahels. Weil er der Lieblingssohn des Vaters war, wurde er von seinen Brüdern gehasst und nach Ägypten verkauft. Dort kam er am Königshof in eine angesehene Stellung und wurde ein enger Vertrauter des Pharao. Eines Tages traf er seine Brüder wieder, die wegen einer Hungersnot nach Ägypten gereist waren und am Königshof um Korn baten. Da die Brüder Josef nicht wiedererkannten, gab er sich schließlich zu erkennen und versöhnte sich mit ihnen (Genesis 37–50). Mit seiner Frau Asenat, Tochter eines ägyptischen Priesters, hatte Josef zwei Söhne: Manasse und Efraim. Er starb in hohem Alter.

Josua

Josua (hebr. = Jahwe ist Rettung) ist der Gehilfe und Nachfolger des ➔ Mose (Numeri 27,18). Er nimmt das Land Kanaan, das Gott den Israeliten versprochen hat, in Besitz (Josua 13–22). Von Josua stammt das Wort: „Ich aber und mein Haus, wir wollen dem Herrn dienen" (Josua 24,15), das er vor der Ver-

sammlung des Volkes Israel in Sichem sprach. Dieses oft zitierte Wort wurde und wird noch heute gern als Hochzeits- und Hausspruch gewählt.

Juda / Judäa

Juda war der Sohn von ➔ Jakob und seiner Frau Lea. Nach ihm trägt einer der Stämme Israels diesen Namen. Der Stamm Juda wohnte im gebirgigen Süden des Landes, im Land Judäa. Aus dem Stamm Juda stammte ➔ David, der König über alle zwölf Stämme Israels wurde. Nach dem Tod ➔ Salomons und der Teilung des Landes bekam das Südreich den Namen „Juda", dessen Hauptstadt ➔ Jerusalem war und dessen Bewohner auch „Juden" genannt wurden.

Judas Iskariot

Judas Iskariot war einer der zwölf ➔ Jünger Jesu. Nach den ➔ Evangelien verriet er Jesus für 30 Silberlinge an die Hohenpriester und Ältesten des Volkes. Daraufhin wurde Jesus von den römischen Soldaten gefangen genommen und von Pontius ➔ Pilatus zum Tode verurteilt. Aus Reue und Scham über seine Tat nahm

sich Judas daraufhin das Leben (Matthäus 27,3-10).

Judentum

Das Judentum ist die Wurzel sowohl des christlichen Glaubens und – 600 Jahre später – des Islams. Seit über 2000 Jahren leben Juden in der ganzen Welt verstreut (heute rund 15 Millionen). Nur ein Bruchteil von ihnen lebt heute im 1948 gegründeten Staat ➔ Israel. Das Judentum versteht sich als die mosaische Religion. Es sieht in ➔ Mose seinen Gesetzgeber und fußt auf der ➔ Bibel, die auch die Christen als ➔ Altes Testament übernommen haben. Nicht von der Zahl, aber von ihrer Bedeutung her sind die Juden eine Weltreligion.

Jünger

Jünger sind Männer und Frauen, die einem Lehrer (➔ Rabbi) oder Meister folgen, vom ihm unterrichtet werden und in Gemeinschaft mit ihm leben. Im ➔ Alten Testament sammelten die ➔ Propheten Jünger um sich, die von ihnen lernten und ihnen nachfolgten. Im ➔ Neuen Testament war es zunächst ➔ Johannes der

Täufer, der Jünger um sich scharte und unterrichtete (Johannes 1,35-40). Nach ihm berief → Jesus Jünger und Jüngerinnen, die mit ihm lebten und wirkten (Markus 1,16-20). Der bekannteste Jünger Jesu war Simon → Petrus, die bekannteste Jüngerin Maria von Magdala (→ Maria Magdalena).

Jünger, „bevorzugte"

Jesus hatte unter den zwölf Jüngern drei, die er „bevorzugte": → Petrus, Jakobus und dessen Bruder → Johannes. Immer wenn etwas Wichtiges bevorstand, nahm er diese drei zur Seite. So waren sie zum Beispiel bei der Verklärung Jesu auf dem Berg Tabor die Einzigen, die aus der Jüngerschar dabei waren (Matthäus 17,1-9). Warum wurden diese drei von → Jesus bevorzugt? Vermutlich deswegen, weil sie zusammen mit Andreas, dem Bruder des Petrus, die ersten Jünger waren, die Jesus gefolgt waren. Er hatte sie am Ufer des Sees von Galiläa angesprochen und sofort hatten sie alles hinter sich gelassen (Matthäus 4,18-22). So ist es verständlich, dass sich zwischen Jesus und diesen

Jüngern eine besondere Beziehung entwickelt hat.

K

Kafarnaum

Kafarnaum (hebr. = Dorf des Nahum) war eine bedeutende Stadt in → Galiläa am Nordwestufer des Sees → Gennesaret. Hier hielt sich → Jesus sehr oft auf und wirkte viele Wunder (Matthäus 8,5-17; Markus 1,29-34; Lukas 4,23). Deswegen wird Kafarnaum von Matthäus auch als „seine Stadt" bezeichnet (Matthäus 9,1).

Kain und Abel

Kain (hebr. = Schmied) und Abel (hebr. = Hauch) waren die Söhne von → Adam und Eva. Eines Tages brachten beide → Gott ein Opfer dar: Kain ein Opfer aus Feldfrüchten, Abel ein Tieropfer. Weil Gott nur Abels Opfer annahm, erschlug Kain aus Eifersucht seinen Bruder. Gott strafte ihn daraufhin mit einem Leben in Unruhe, versprach ihm aber seinen Schutz, indem er ihm ein Zeichen (das sog. „Kainsmal") auf die Stirn

machte (Genesis 4,1-16). Im → Neuen Testament wird Abel als „Gerechter" bezeichnet (Matthäus 23,35).

Kamel (Dromedar)

Das Kamel (Dromedar) ist eines der am häufigsten erwähnten Tiere in der Bibel. Es dient den Menschen als Lastenträger und Reittier. Im Alten Testament heißt es über die Königin von Saba: „Sie kam nach Jerusalem mit sehr großem Gefolge, mit Kamelen, die Balsam, eine gewaltige Menge Gold und Edelsteine trugen" (1 Könige 10,2).
Im Neuen Testament steht das bekannte Gleichnis Jesu vom Kamel und dem

Nadelöhr: „Da sagte Jesus zu seinen Jüngern: Amen, das sage ich euch: Ein Reicher wird nur schwer in das Himmelreich kommen. Nochmals sage ich euch: Eher geht ein Kamel durch ein Nadelöhr, als dass ein Reicher in das Reich Gottes gelangt ... Für Menschen ist das unmöglich, für Gott aber ist alles möglich" (Matthäus 19,23-26). Mit Sicherheit waren es Kamele, die die drei Sterndeuter (➔ Dreikönig) aus ihren Ländern zum Stall nach ➔ Betlehem gebracht haben. Nur mit Kamelen lassen sich weite Wüstenstrecken durchqueren, weil sie – ganz im Gegensatz zum Menschen – viel Wasser im Körper speichern können.

Kantor

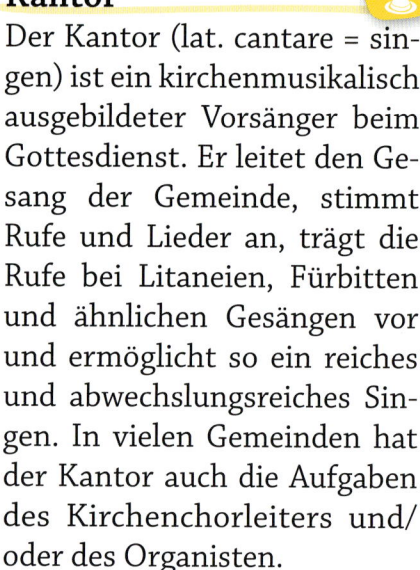

Der Kantor (lat. cantare = singen) ist ein kirchenmusikalisch ausgebildeter Vorsänger beim Gottesdienst. Er leitet den Gesang der Gemeinde, stimmt Rufe und Lieder an, trägt die Rufe bei Litaneien, Fürbitten und ähnlichen Gesängen vor und ermöglicht so ein reiches und abwechslungsreiches Singen. In vielen Gemeinden hat der Kantor auch die Aufgaben des Kirchenchorleiters und/ oder des Organisten.

Kardinal

Der Kardinal (lat. = Türangel, Dreh- und Angelpunkt) ist in der katholischen Kirche der höchste Würdenträger nach dem ➔ Papst und wird von diesem ernannt. Zugleich gehört er zu den engsten Mitarbeitern des Papstes in der Leitung der Kirche. Alle Kardinäle zusammen bilden das Kardinalskollegium, das im ➔ Konklave den ➔ Papst wählt.

Karfreitag

Der Karfreitag (ahd. kara = Trauer, Klage) ist der Freitag vor ➔ Ostern. Der Tag ist ein Tag der Erinnerung an Jesu Verurteilung, Kreuzigung und Tod. Für die protestantischen Christen ist der Karfreitag der höchste Feiertag des Kirchenjahres. In katholischen Kirchen findet zur Todesstunde Jesu, um 15 Uhr, ein Wortgottesdienst mit Kreuzverehrung statt. Während des Gottesdienstes ist die ➔ Orgel stumm. Auf dem ➔ Altar stehen keine Blumen und keine Kerzen. Die Geschichte vom Leiden und Sterben Jesu nach dem Johannesevangelium wird vorgelesen und die heilige ➔ Kommunion gespendet. Der Karfreitag ist eine gebotener Fasttag.

Karsamstag

Der Karsamstag (nicht Ostersamstag!) ist der Tag vor dem Osterfest. Er erinnert an die Grabesruhe Jesu nach seinem Tod am Kreuz. Er ist ein stiller Tag, an dem kein Gemeindegottesdienst gefeiert wird. In vielen Kirchen gibt es allerdings eine ewige Anbetung vor dem Grab Jesu.

Karwoche

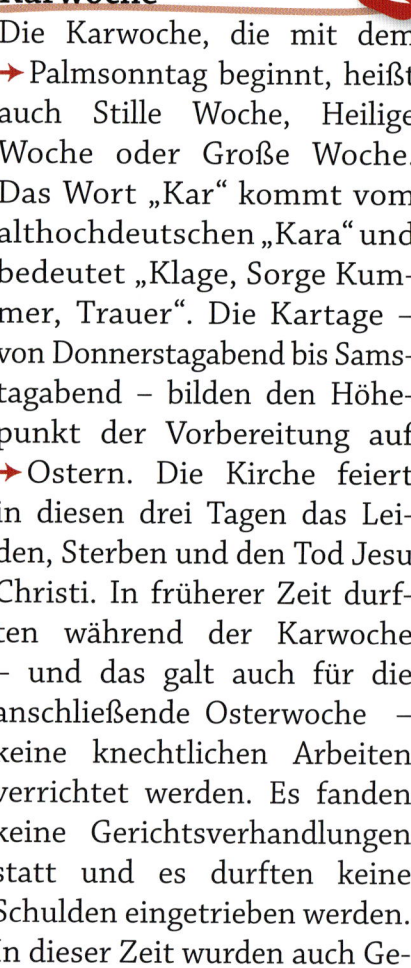

Die Karwoche, die mit dem ➔ Palmsonntag beginnt, heißt auch Stille Woche, Heilige Woche oder Große Woche. Das Wort „Kar" kommt vom althochdeutschen „Kara" und bedeutet „Klage, Sorge Kummer, Trauer". Die Kartage – von Donnerstagabend bis Samstagabend – bilden den Höhepunkt der Vorbereitung auf ➔ Ostern. Die Kirche feiert in diesen drei Tagen das Leiden, Sterben und den Tod Jesu Christi. In früherer Zeit durften während der Karwoche – und das galt auch für die anschließende Osterwoche – keine knechtlichen Arbeiten verrichtet werden. Es fanden keine Gerichtsverhandlungen statt und es durften keine Schulden eingetrieben werden. In dieser Zeit wurden auch Gefangene und Straffällige freigelassen und begnadigt.

Katakomben

Katakomben sind unterirdische Begräbnisstätten der ersten Christen in der Umgebung von → Rom. Diese Anlagen wurden von den ersten Christen auch für Gottesdienste und geheime Treffen benutzt.

Katechese

Im Urchristentum war Katechese (griech. katechein = herabtönen) die religiöse Un-

terweisung, durch die erwachsene Männer und Frauen über einen längeren Zeitraum auf die → Taufe vorbereitet wurden. Heute versteht man unter Katechese die Hinführung der Gläubigen – nicht nur der Kinder – zu einem Leben aus dem Glauben. Sie orientiert sich an der Lehre der Kirche und den Texten der → Bibel.

Katharina von Siena

Katharina wurde 1347 als 24. Kind einer Färberfamilie geboren. Mit 18 Jahren trat sie in ein Kloster ein und pflegte in den folgenden Jahren aufopfernd Kranke und Sterbende. Im Jahre 1374 ging sie nach Pisa, wo sie sich nach einer verheerenden Pestepidemie um die Kranken kümmerte und sich dabei selbst mit dieser Krankheit ansteckte. Obwohl sie noch sehr jung war, wurde Katharina im Laufe der Jahre eine begehrte Ratgeberin von vielen Fürsten, Per-

sönlichkeiten der Kirche und sogar Päpsten. Katharina starb 1380 im Alter von nur 33 Jahren und wurde 80 Jahre nach ihrem Tod von Papst Pius II. heiliggesprochen. Papst Paul VI. ernannte sie 1970 zur Kirchenlehrerin. Das Fest der Heiligen ist am 29. April.

Kathedrale → Dom

Katholiken

Katholiken (griech. kat holon = zusammen, in eins, allgemein) sind Angehörige der römisch-katholischen Kirche. In Deutschland leben rund 26 Millionen katholische Christen. Das sind ca. 33 Prozent, also rund ein Drittel, aller Einwohnerinnen und Einwohner in Deutschland. Die meisten Katholiken leben in den südlichen und mitteldeutschen Bundesländern, die wenigsten in den nord- und ostdeutschen Ländern. Konkret heißt das zum Beispiel: Von 100 Menschen in der bayerischen Stadt Passau sind 89 katholisch, von 100 Männern und Frauen in Dresden (Sachsen) sind es nur fünf.

Kelch

Der Kelch ist ein großer Trinkbecher, der vom → Priester zur Feier der heiligen → Messe gebraucht wird. Er ist aus wertvollem Metall (Gold) gearbeitet und oft künstlerisch verziert, weil er den Wein aufnimmt, der während der Messe in das Blut Christi verwandelt wird. Neben dem Messkelch des Priesters gibt es noch den Speisekelch, auch → Ziborium genannt, der die Hostien für den Empfang der heiligen → Kommunion enthält.

Kelchkommunion

Kelchkommunion meint den Empfang der heiligen → Kommunion nicht nur unter der Gestalt des Brotes, sondern auch des Weines. Sie war lange Zeit allein dem → Priester vorbehalten. Dies änderte sich mit dem Zweiten Vatikanischen Konzil (1962–1965). Das Konzil erlaubte grundsätzlich allen → Katholiken die Kelchkommunion. Es empfahl sie den Gemeinden vor allem für besondere Gelegenheiten. Solche Gelegenheiten bieten sich zum Beispiel im Gründonnerstagsgottesdienst, in der Messe für Brautpaare und Erstkommunionkinder, im Gottesdienst von bestimmten kleinen Gemeinschaften.

Kerzen

Beim Gottesdienst in der → Kirche dürfen brennende Kerzen nicht fehlen. Kerzen geben Licht und Wärme. Sie leuchten für uns alle und machen unser Zusammensein feierlich. Kerzen gehören wie Blumen zu jedem Fest und jeder Gottesdienst ist ein Fest. Brennende Kerzen bringen Licht in die Dunkelheit. → Jesus sagt von sich: „Ich bin das Licht der Welt." Wir sollen also wie brennende Kerzen sein. Wir sollen Licht für unsere Mitmenschen sein. Wir sollen sie lieben und ihnen helfen. Damit eine Kerze brennen kann, muss sie Wachs hergeben. Wenn wir also ein Licht sein wollen, müssen wir etwas von uns hergeben. So ist die brennende Kerze ein Zeichen für die Liebe zu Jesus und für die Liebe zum Nächsten. Jesus gibt uns das Licht, wir geben das Wachs.

Kirche (Haus Gottes)

Die Kirche (vom griechischen „kyriakón" = das, was zum Herrn gehört) ist ein Haus aus Stein oder Holz, in dem sich die Gemeinde versammelt, um miteinander Gottesdienst zu feiern. Was Christen „Kirche" nennen, heißt bei den Juden → Synagoge, bei den Muslimen Moschee und bei den Buddhisten → Tempel. Es gibt große und kleine Kirchen. Die großen nennt man Dome, Münster oder Kathedralen, die kleinen Kapellen. Jede Kirche hat einen Namen, zum Beispiel Sankt Martin, Sankt Georg, Maria Königin oder Heilige Dreifaltigkeit. Eine Kirche erkennt man unter anderem daran, dass sie ein → Kreuz oder einen → Hahn auf dem Dach hat. Das Kreuz erinnert uns an → Jesus, der aus Liebe zu uns in den Tod gegangen ist und uns in der Kirche besonders nahe sein will. Der → Hahn ist ein sehr wachsames Tier und erinnert uns daran, auch stets wachsam zu sein und Jesus in unserem Leben nie zu vergessen.

Kirche (Volk Gottes)

Zur Kirche gehören alle Menschen auf der Welt, die getauft sind und an Gott glauben. In Afrika, in Australien, in Indien, in Griechenland, in Polen, in Großbritannien, in Deutschland – überall leben Christen in Gemeinschaften (Gemeinden) zusammen und helfen einander, den Weg zu → Gott zu gehen. Auch → Jesus hat nicht allein gelebt. Er hat sich Freunde gesucht und sie eingeladen, mit ihm zusammenzuleben. Seine Freunde haben anderen Menschen von dem Weg erzählt, den sie gehen müssen, um Gott zu finden. Viele Menschen haben sich ihnen angeschlossen. Sie nannten sich Christen, weil sie so leben wollten wie Jesus.

Kirchengemeinde

Jeder getaufte Christ, jede getaufte Christin gehört zu einer Kirchengemeinde. In einer Gemeinde treffen sich Menschen, um miteinander zu leben, zu beten und von → Gott zu erzählen. Sie bilden viele kleinere Gruppen: Frauenkreis, Kirchenchor, Senioren, Jugendgruppe, Ministranten, Kolping … Alle Gemeindeglieder stehen füreinander ein im Gebet und in Taten der Liebe – stellvertretend auch für jene, die am Leben der Gemeinde nicht teilnehmen (können).

Kirchenjahr

Das Kirchenjahr ist der Begriff für die kirchliche Feier von Festen und Festzeiten im Laufe eines Jahres. Es beginnt am ersten Adventssonntag und endet am Christkönigssonntag des darauffolgenden Jahres. Das Kirchenjahr ist in drei große Zeiträume eingeteilt: Der weihnachtliche Festkreis (Advent und Weihnachtszeit), der österliche Festkreis (Fastenzeit, Karwoche, Osterzeit) und die Zeit im Jahreskreis (die Wochen zwischen dem weihnachtlichen und österlichen Festkreis, Pfingstmontag bis Samstag vor dem 1. Advent).

Die Christen feiern in den verschiedenen Festen und Festzeiten des Kirchenjahres, was → Gott durch → Jesus Christus für die Menschen getan hat. Sie denken aber auch an die vielen Heiligen, die Gott seiner Kirche geschenkt hat (→ Heilige).

Kirchweihfest

Das Kirchweihfest wird in der katholischen und protestantischen Kirche am dritten Sonntag im Oktober gefeiert. Das Gotteshaus ist an diesem Tag besonders schön geschmückt. Die → Apostelleuchter brennen. Die Gläubigen erinnern sich mit einem Festgottesdienst an den Tag, an dem ihre → Kirche geweiht wurde. In vielen Gegenden wird nach der religiösen Feier weitergefeiert mit Musik, Tanz, Buden und Karussels. Das Kirchweihfest hat viele verschiedene Namen, zum Beispiel Kirmes, Kirbe oder Kilbe.

Kleidung, liturgische

Die Kleidung des Priesters und der mit besonderen Diensten betrauten Laien (Kommunionhelfer, Ministranten) beim Gottesdienst entwickelte sich aus der spätantiken Festkleidung.

Der ➔ Priester trägt bei der heiligen Messe über dem ➔ *Talar* (langer schwarzer Mantel) das *Schultertuch* (eine Art Kragen um den Hals), die ➔ *Albe* (weißes Untergewand), welche mit dem ➔ *Zingulum* (weißer Gürtel) zusammengehalten wird, die ➔ *Stola* (handbreite, lange Schärpe) und das ➔ *Messgewand* (oft kostbares Obergewand).

Die ➔ Kommunionhelfer tragen während des Gottesdienstes einen Talar und darüber ein *Rochett* (weiter weißer Chorrock). Die ➔ Ministranten tragen bei ihrem Dienst einen ärmellosen Talar (schwarz bzw. der liturgischen Farbe entsprechend), dazu ein Rochett und einen breiten Kragen. In vielen Gemeinden setzen sich heute immer mehr weiße oder graue Gewänder (sogenannte „Kutten") für die Ministranten durch.

Kleriker (Klerus)

Kleriker ist der Sammelbegriff für die Männer, die als Diakone, Priester oder Bischöfe in der Kirche tätig sind. Durch das Sakrament der ➔ Weihe sind sie zu ihrem Dienst an den Gläubigen beauftragt worden. ➔ Geistlicher

Knecht Ruprecht

Knecht Ruprecht ist der volkstümliche Begleiter des heiligen ➔ Nikolaus. Das Wort ist abgeleitet von „Percht", der Bezeichnung für den Teufel. Knecht Ruprecht verkörpert das Böse, das sich in der Hand des Guten (= Nikolaus) befindet. Seine Aufgabe ist, die „bösen" Kinder zu erschrecken und zu bestrafen.

Kniebeuge

Die Kniebeuge bedeutet das Gleiche wie das ➔ Knien, nur ist sie kürzer. Mit der Kniebeuge ehren wir für einen kurzen Augenblick ➔ Jesus, der im heiligen Brot gegenwärtig ist, das im ➔ Tabernakel aufbewahrt wird. Beim Betreten der Kirche (bevor wir in der Bank Platz nehmen) und am Ende des Gottesdienstes (als Verabschiedung) machen wir eine Kniebeuge in Richtung Tabernakel. Mit einer Kniebeuge verehren wir auch im Karfreitagsgottesdienst das ➔ Kreuz. Die Kniebeuge wird nicht aus dem Gehen heraus gemacht, sondern aus dem Stand. Wir beugen das rechte Knie auf den Boden, senken etwas den Kopf, verharren einen Moment und richten uns

dann langsam wieder auf. Die Kniebeuge als Zeichen der Verehrung und Anbetung ist also nicht nur eine Art „Hofknicks" oder eine Hocke!

Knien

Beim Niederknien bringen wir zum Ausdruck, wie klein wir vor dem allmächtigen ➔ Gott sind. Wir beugen uns in Demut und Ehrfurcht vor Gott und beten ihn an. Das Knien – die ursprüngliche Haltung des Gebets – ist Zeichen unserer Achtung und unserer Liebe zu Gott. Es geschieht mit aufrechtem Oberkörper. Beim Gottesdienst knien wir bei der Wandlung, dem wichtigsten Bestandteil der heiligen ➔ Messe, nieder. In manchen Gemeinden kniet man nach dem „Agnus Dei" nieder, wenn der Priester das heilige Brot in mehrere Stücke bricht und es den Gläubigen zeigt. Viele knien nach dem Empfang des heiligen Brotes, also nach der ➔ Kommunion, nieder und beten in Stille zu Jesus.

Kolbe, Maximilian

Im Heiligenkalender der Kirche steht am 14. August Pater Maximilian Kolbe. Papst

Johannes Paul II. hat ihn für seine Heldentat im Konzentrationslager Auschwitz heiliggesprochen. Was war passiert? Im Lager war ein Häftling entflohen. „Dafür müssen zehn andere in der Todeszelle verhungern", sagte der Lagerleiter. Die Wärter wählten zehn Unschuldige aus. Da trat Pater Kolbe hervor, zeigte auf einen der Verurteilten und sagte: „Tötet diesen Mann nicht! Er hat Frau und Kinder. Nehmt stattdessen mich, ich bin ein katholischer Priester und habe keine Familie!" Maximilian Kolbe starb im Jahre 1941. Papst Johannes Paul II. nannte ihn einen „Märtyrer der Nächstenliebe".

Kollekte

Unter Kollekte (lat. = Sammlung) verstehen wir das Einsammeln eines Geldopfers für die Aufgaben der Kirche und Gemeinde beim Gottesdienst. Meistens geht nach den Fürbitten ein Körbchen oder ein Sammelbeutel durch die Bänke der Gottesdienstbesucher. Mitunter wird die Kollekte für einen bestimmten Zweck erbeten, zum Beispiel für die Jugendarbeit, für die → Caritas oder für die Renovierung

der Kirche oder des Gemeindehauses. Manchmal wird auch für die Not in der Welt oder in der Gemeinde gesammelt. Es gibt viele Menschen, die arm sind und hungern müssen. Im Fernsehen sehen wir oft Bilder von armen und hungernden Menschen in Afrika und Asien.

Kommunion

Das Wort Kommunion kommt aus dem Lateinischen (communio) und heißt übersetzt Gemeinschaft, Vereinigung. Mit Kommunion wird die gemeinsame Mahlfeier der Gläubigen in der heiligen → Messe bezeichnet. Darüber hinaus ist mit Kommunion auch das heilige Brot, die → Hostie, selbst gemeint, die der → Priester, → Diakon oder → Kommunionhelfer an die Gläubigen mit den Worten „Der Leib Christi" austeilt.

Kommunionhelfer/in

Kommunionhelfer sind Männer und Frauen, die dem → Priester und/oder → Diakon im Gemeindegottesdienst helfen, die heilige → Kommunion auszuteilen. Darüber hinaus bringen sie die Kommunion auch zu den Kranken und

Pflegebedürftigen der Gemeinde, die am Gottesdienst nicht (mehr) teilnehmen können. Für ihren Dienst werden die Kommunionhelferinnen und Kommunionhelfer vom → Bischof beauftragt.

Kommunionkerze

Die Kerze des Erstkommunionkindes – oft die Taufkerze – ist ein Zeichen des Lichtes, das durch → Jesus Christus in die Herzen der Jungen und Mädchen kommen will (→ Erstkommunion). Sie kann mit kleinen Myrtenzweigen und weißen Schleifen geschmückt werden. In den

folgenden Jahren sollte sie immer wieder in Erinnerung an den Festtag der Erstkommunion angezündet werden, zum Beispiel zu ➜ Ostern, am ➜ Namenstag und Geburtstag, zur ➜ Firmung.

Konfession

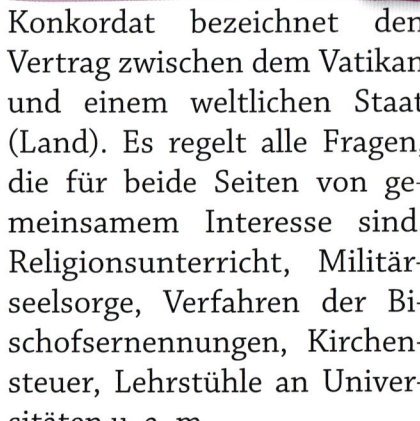

Das Wort „Konfession" kommt aus dem Lateinischen und bedeutet Bekenntnis, Glaubensbekenntnis. Heute benutzt man diesen Begriff als Bezeichnung für die verschiedenen christlichen Glaubensgemeinschaften. Man spricht von christlichen Konfessionen. Es gibt ungefähr 300 verschiedene christliche Konfessionen. Jede legt die Botschaft Jesu Christi in manchen Bereichen verschieden aus. Die größten und bekanntesten Konfessionen sind: die ➜ Katholiken, die Protestanten (➜ Protestantische Kirche), die Anglikaner (Anglikanische Kirche) und die Orthodoxen des Ostens (➜ Orthodoxe Kirche). Ob man nun orthodox, evangelisch, anglikanisch oder katholisch ist, der Kern bleibt immer derselbe: der Glaube an den Gott Jesu Christi!

Konfirmation

Konfirmation (lat. confirmare = bestätigen, bekräftigen, befestigen) ist das größte kirchliche Fest der evangelischen Jugendlichen. Im Konfirmationsgottesdienst sagen die Jungen und Mädchen Ja zu ihrer ➜ Taufe und sprechen das Glaubensbekenntnis vor allen Menschen in der Kirche – und damit auch vor der weltweiten Gemeinschaft aller Christen. In einem feierlichen Akt werden die Jugendlichen zum Vollglied der Gemeinde „eingesegnet" und zum ersten Mal zum Abendmahl zugelassen. Das der Konfirmation entsprechende Fest in der katholischen Kirche ist das Fest der ➜ Firmung.

Konklave

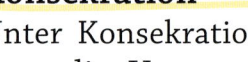

Konklave heißt die Zusammenkunft der Kardinäle zur Papstwahl. Das Wort kommt aus dem Lateinischen und heißt „abgeschlossener Raum". Die Papstwahl im Konklave wurde 1274 eingeführt. Die letzte Veränderung des Wahlverfahrens nahm Papst Benedikt XVI. im Jahr 2007 vor: Auch nach dem 33. Wahlgang ist eine Zwei-Drittel-Mehrheit für die Wahl des Papstes nötig.

Konkordat

Konkordat bezeichnet den Vertrag zwischen dem Vatikan und einem weltlichen Staat (Land). Es regelt alle Fragen, die für beide Seiten von gemeinsamem Interesse sind. Religionsunterricht, Militärseelsorge, Verfahren der Bischofsernennungen, Kirchensteuer, Lehrstühle an Universitäten u. a. m.

Konsekration

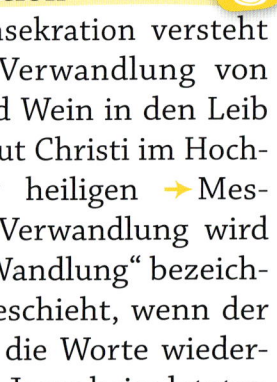

Unter Konsekration versteht man die Verwandlung von ➜ Brot und Wein in den Leib und das Blut Christi im Hochgebet der heiligen ➜ Messe. Diese Verwandlung wird auch als „Wandlung" bezeichnet und geschieht, wenn der ➜ Priester die Worte wiederholt, die ➜ Jesus beim letzten Abendmahl den Jüngern gesagt hat (➜ Abendmahl, letztes).

Ferner ist mit dem Wort Konsekration die Segnung (Weihe) von Gegenständen mit Chrisamöl gemeint, die ausschließlich für den gottesdienstlichen Gebrauch bestimmt sind, wie Altar, Kelche und Glocken. Die Segnung wird durch den ➜ Bischof vorgenommen.

Konzelebration

Konzelebration (lat. concelebrare = mitfeiern) heißt die gemeinsame Eucharistiefeier mehrerer➔ Priester. Leitet der ➔ Bischof den Gottesdienst, ist die Konzelebration der Priester ausdrücklich vorgesehen. Sind Priester in Gemeinschaft beisammen, ist sie immer empfohlen. Bei der Konzelebration tritt die Erinnerung an das letzte ➔ Abendmahl, das ➔ Jesus mit seinen Jüngern feierte, stärker in Erscheinung als bei der Einzelfeier der heiligen ➔ Messe.

Konzil

Das lateinische Wort Konzil bedeutet Versammlung, Zusammenkunft. Es meint die Versammlung aller Bischöfe der römisch-katholischen Kirche unter Vorsitz des Papstes. Diese Kirchenversammlung auf höchster Ebene berät über Fragen des Glaubens und der Leitung für die gesamte Kirche. Das letzte Konzil, das von Papst Johannes XXIII. einberufen wurde, war das Zweite Vatikanische Konzil oder Vaticanum II. Es fand von 1962 bis 1965 in Rom statt. Sein Ziel war die Erneuerung der Kirche im Blick auf das 3. Jahrtausend.

Krankenkommunion

Seit jeher bringen ➔ Priester, ➔ Diakon oder ➔ Kommunionhelfer/in kranken Menschen der Gemeinde die heilige ➔ Kommunion ins Haus. Dadurch bleiben die Kranken in Verbindung mit der Kirche und haben teil an der Eucharistiefeier der Gemeinde. Die Kommunion wird vor allem am ➔ Sonntag, am Herz-Jesu-Freitag, vor den Feiertagen oder auch zu einem vereinbarten Zeitpunkt zu den Kranken gebracht.

Krankensalbung

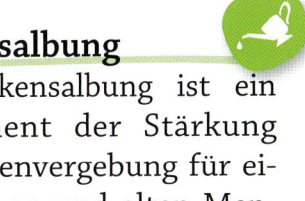

Die Krankensalbung ist ein ➔ Sakrament der Stärkung und Sündenvergebung für einen kranken und alten Menschen. Bei der Spendung salbt der ➔ Priester (Diakon) Stirn und Hände des Kranken mit ➔ Öl und sagt: „Durch diese heilige Salbung helfe dir der Herr in seinem reichen Erbarmen, er stehe dir bei mit der Kraft des Heiligen Geistes: Der Herr, der dich von Sünden befreit, rette dich, in seiner Gnade richte er dich auf." Der Priester (Diakon) handelt bei der Krankensalbung im Auftrag Jesu. Jesus hat nach antikem Brauch Kranke mit Öl gesalbt und die ➔ Jünger angewiesen, dies gleichfalls zu tun (Markus 6,13; Jakobus 5,14-15). Das Sakrament der Krankensalbung, das früher „Letzte Ölung" hieß, kann man mehrmals empfangen und nicht nur kurz vom dem ➔ Tod.

Kreuz

Das Kreuz ist das Zeichen der Christenheit. Es erzählt von → Jesus Christus, der für die Menschen am Kreuz gestorben ist. Durch seinen Tod am Kreuz hat uns Jesus vom Tod erlöst und den Weg zum Himmel – zu Gott – geöffnet. Im katholischen Karfreitagsgottesdienst (→ Karfreitag) enthüllt der → Priester (Diakon) ein großes Kreuz und singt dabei: „Seht das Holz des Kreuzes, an dem das Heil der Welt gehangen!" Die Gläubigen antworten und beugen dabei die Knie: „Kommt, lasset uns anbeten!" Der Brauch der Kreuzesdarstellungen hat sich vermutlich seit dem 5. Jahrhundert entwickelt.

Kreuzweg

In allen Gotteshäusern sehen wir an den Wänden Bilder oder Holzschnitte, auf denen → Jesus mit dem → Kreuz zu sehen ist. Die Bilder erzählen die Geschichte vom Leiden, vom Tod und von der Auferstehung Jesu. Wir nennen diese Bildergeschichte auch den Kreuzweg. Der Kreuzweg beschreibt in 14 Bildern – sie heißen auch „Stationen" – den Weg, den Jesus mit seinem Kreuz gehen musste. Er erzählt aber auch von den Menschen, die mit Jesus gelitten haben und die ihm helfen wollten. Das letzte Bild beschreibt, wie Jesus von seinen Freunden in ein Felsengrab gelegt wurde. Immer wieder beten Menschen den Kreuzweg, besonders in der → Fastenzeit. Sie gehen von Bild zu Bild, von Station zu Station, und denken daran, was Jesus für uns gelitten hat, wie groß seine Liebe zu uns Menschen war und immer noch ist. Sie beten: „Jesus Christus, wir preisen dich, denn durch dein heiliges Kreuz hast du die Welt erlöst."

Kreuzzeichen

Christen machen bei manchen Gelegenheiten ein Kreuzzeichen. Mit der ausgestreckten rechten Hand berühren sie nacheinander die Stirn, die Brust, die linke und die rechte Schulter. Sie wollen damit sagen: Ich bin ganz umfasst von der Liebe Jesu, die er durch seinen Tod am → Kreuz für mich gezeigt hat.

Neben diesem großen Kreuzzeichen gibt es noch das „kleine" Kreuzzeichen. Es wird zum Beispiel vor dem Evangelium gemacht. Mit dem Daumen der rechten Hand wird je ein kleines Kreuz auf die Stirn, auf den Mund und auf die Brust gezeichnet. Das will sagen: Gott segne mein Denken, mein Reden und meinen Willen.

Beim großen und beim kleinen Kreuzzeichen werden meist die Worte gesprochen: „Im Namen des Vaters und des Sohnes und des Heiligen Geistes." Viele Christen beginnen mit diesem Gebet zum dreifaltigen → Gott und mit dem Kreuzzeichen ihren Tag und ihre Arbeit.

Das Kreuzzeichen ist eine Segensform, die aus der Zeit um 150 bis 200 nach Christus stammt. Es war ein Erkennungszeichen der frühen Christen, ein Zeichen der Erlösung.

Krippe

Krippen sind ursprünglich Futtertröge. In der Heiligen Schrift werden sie im Zusammenhang mit der Geburt Jesu erwähnt. Beim Evangelisten Lukas heißt es: → Maria „gebar ihren Sohn, den Erstgeborenen. Sie wickelte ihn in Windeln und legte ihn in eine Krippe, weil in der Herberge kein Platz für sie war." Die erste Krippe – wie wir sie heute kennen: mit Maria und Josef, dem Kind in der Krippe, Ochs, Esel und Hirten – entstand im Auftrag des

heiligen ➔ Franziskus Weihnachten 1223 oder 1224 in einer Höhle bei Greccio in Italien. Es war eine lebende Krippe. Dorfbewohner und Tiere aus der Umgebung stellten sie dar. Krippen in den Kirchen und Wohnungen gibt es heute in der ganzen Welt. Sie sehen – je nach Region – ganz unterschiedlich aus. Ausstellungen von Krippen sind in manchen Gegenden und Orten während des ganzen Jahres zu besichtigen.

Krippenspiele

Krippenspiele sind kleine Theaterstücke, die das Weihnachtsgeschehen nachspielen. Sie sind vom Gottesdienst losgelöste und meist von Kindern

dargestellte Aufführungen, die bis in das 13. Jahrhundert zurückreichen.

Krone (Dornenkrone)

Die Krone ist eines der ältesten Herrschersymbole. Das Aufsetzen der Krone gehört seit jeher zur feierlichen Einsetzung eines Königs bzw. Kaisers. Nach biblischer Überlieferung stehen gekrönte Personen in Gottes „Huld und Erbarmen" (Psalm 103,4). Wer ➔ Gott bis in den Tod treu ist, wird mit dem „Kranz des Lebens" (Offenbarung des Johannes 2,10) belohnt. Die Dornenkrone weist ➔ Jesus in ganz eigener Weise als „König" aus: Von den römischen Soldaten als Zeichen der Verachtung und des Spottes ihm aufgesetzt (Matthäus 27,27-30), zeigt sich Jesus in seinem Leiden als wahrer „Friedenskönig".

Kruzifix

Das Kruzifix ist eine Darstellung des zum Tode verurteilten

und ans ➔ Kreuz geschlagenen ➔ Jesus. Die ersten Kreuze mit dem toten Jesus entstanden in der Blütezeit der Romanik (um 950–1250). Kruzifix ist ein lateinisches Wort, das zusammengesetzt ist aus crux (= Kreuz) und fixum (= angeschlagen).

Krypta

Krypta (griech. = das Verborgene, Geheime) ist die Bezeichnung für einen unterirdischen Gottesdienstraum (Kapelle) unter einer Kirche. In diesem Raum befinden sich oft die Grabstätten weltlicher oder kirchlicher Würdenträger.

Küster/in

Der Küster (die Küsterin) ist der Leiter, der „Chef" der Sakristei. In manchen Gegenden sagt man statt Küster auch Mesner, Sakristan oder Kirchner. Zu den Aufgaben des Küsters gehört die Öffnung und Sauberkeit des Kirchengebäudes. Er sorgt für das Läuten der Glocken vor dem Gottesdienst, das Bereitlegen der Gewänder und Geräte, das Einschalten des Lichtes, das Anzünden der Kerzen und ähnliche Dienste. Außerdem achtet er

Küster/in

63

in der Sakristei auf Ruhe und besinnliche Stille unter den Ministranten unmittelbar vor Gottesdienstbeginn.

Kyrios (Kyrie)

Das griechische Wort Kyrios bedeutet übersetzt „Herr". In der Zeit vor Christus wird mit diesem Titel der Herrscher, die aufgehende Sonne und die Gottheit angerufen und geehrt. Für die Christen gibt es dann nur noch einen „Herrn": der auferstandene und zu Gott erhöhte → Jesus Christus. In der heiligen → Messe beten oder singen wir nach dem Schuldbekenntnis im Wechsel mit dem Priester das „Kyrie, eleison", zu Deutsch „Herr, erbarme dich". Zahlreiche Kirchenlieder begrüßen Jesus Christus unter dem Titel „Kyrios" bzw. „Kyrie" in unserer Mitte.

Lamm (Gottes)

Gelegentlich sehen wir Bilder, auf denen ein Lamm mit einer Todeswunde dargestellt ist. Mit diesem Lamm ist → Jesus gemeint. Man nennt ihn deswegen auch das „Lamm Gottes" (lateinisch „Agnus Dei"). Wenn der Priester in der Eucharistiefeier vor der Kommunion die Hostie in mehrere Teile bricht, beten wir zu Jesus, dem Lamm Gottes, und sprechen: „Lamm Gottes, du nimmst hinweg die Sünde der Welt, erbarme dich unser."

Dieses Gebet, das dreimal wiederholt wird, geht auf → Johannes den Täufer zurück. Als er damals am Jordan predigte und taufte, sah er eines Tages Jesus auf sich zukommen und sagte zu den Leuten: „Seht, das Lamm Gottes, das die Sünde der Welt hinwegnimmt!" (Johannes 1,29). Auch der Apostel → Paulus bezeichnet Jesus im ersten Korintherbrief als Lamm und sagt: „Als unser Paschalamm ist Christus geopfert worden (5,7)." Das will sagen: Jesus hat für uns sterben müssen, um uns das Leben zu erwerben.

Latein

Latein ist seit 200 n. Chr. Sprache in der Kirche. Bis zum Zweiten Vatikanischen Konzil (1962–1965) war sie auch die Sprache im Gottesdienst. Erst danach wurde eingeführt, dass die heilige → Messe auch in der jeweiligen Landessprache gelesen werden kann.

Laudes

Laudes (lat. laus = Lob) ist die Bezeichnung für das Morgengebet der Kirche. Sie ist Teil des Stundengebets (→ Stundengebet) und wird zur Stunde des Sonnenaufgangs gebetet. Das Gebet am Morgen hat sich in den Pfarreien noch nicht so durchgesetzt wie die → Vesper, wohl aber bei Tagungen und Treffen, besonders unter Jugendlichen.

Lektionar

Das Lektionar (lat. lectio = Lesung, Lektüre, Vorlesung) ist ein Buch mit Textabschnitten aus der → Bibel für den gottesdienstlichen Gebrauch. Die Texte (Lektionen) werden im Laufe der drei Lesejahre während der heiligen → Messe vorgelesen.

Lektor/in

Der Lektor (lat. lector = Leser) ist eine Person (Mann oder Frau) aus der Gemeinde, die im Gottesdienst die Lesung(en) und die Fürbitten vorliest. Den Dienst des Lektors kann auch ein älterer Ministrant oder eine Ministrantin ausüben. Die Verlesung des Evangeliums fällt in den Aufgabenbereich des → Priesters oder → Diakons (→ Epistel).

Lesejahr

In jedem Gottesdienst hören wir Abschnitte aus der → Bibel, die die Kirche für den entsprechenden Tag ausgewählt hat. Seit dem II. Vatikanischen Konzil gibt es für die Bibel-

texte, die am *Sonntag* vorgelesen werden (1. und 2. Lesung sowie Evangelium), drei Lesejahre: A (nach Matthäus), B (nach Markus) und C (nach Lukas). Die Lesetexte der Sonntagsmessen wiederholen sich somit alle drei Jahre.

Die *Wochentage* (mit nur einer Lesung und Evangelium) sind in die Lesejahre I und II eingeteilt. Da wiederholen sich die Bibeltexte alle zwei Jahre. Lesejahr I gilt für Jahre mit ungeraden Zahlen, Lesejahr II für Jahre mit geraden Zahlen. Beide Jahresreihen – Lesejahr A, B und C sowie Lesejahr I und II – beginnen jeweils mit dem 1. Advent (→ Kirchenjahr).

Lesung(en) → Epistel

Liebe

Liebe ist neben → Glaube und Hoffnung eine göttliche Tugend. Sie umfasst die Liebe zu Gott und die Liebe zum Nächsten. Beide gehören ganz eng zusammen. Sie dürfen nicht getrennt werden. Von allen Tugenden ist die Liebe die wichtigste: „Für jetzt bleiben Glaube, Hoffnung, Liebe, diese drei; doch am größten unter ihnen ist die Liebe" (1 Korinther

13,13). Jeder Christ ist von Gott zur Liebe berufen – immer, überall und mit Freude. → Jesus ist ihm mit seiner totalen und bedingungslosen Liebe zu Gott und den Menschen das größte Vorbild. Ihm gilt es darin nachzufolgen. Deshalb ist die wichtigste Frage an uns: Liebe ich Gott? Liebe ich den Nächsten?

Litanei

Die Litanei (griech. litai = bitten, Gebet) ist ein Bittgebet der Kirche. Auf die Anrufe und Bitten des Vorbeters gibt die Gemeinde immer gleichbleibende Antworten, zum Beispiel „Erbarme dich unser", „Wir bitten dich, erhöre uns" oder „Bitte für uns". Am bekanntesten ist die Allerheiligenlitanei (auch Große Litanei genannt) und die Lauretanische Litanei (Marienlitanei). Litaneien sind eine ideale Gebetsform für Bittprozessionen und Andachten. Die wichtigsten stehen im katholischen Gebet- und Gesangbuch „Gotteslob" Nr. 762–770.

Liturgie

Das Wort Liturgie stammt vom griechischen „leiturgia" und bedeutet „öffentlicher Dienst". Liturgie umfasst alles, was mit

dem Gottesdienst der Gemeinde zu tun hat: verschiedene Gottesdienstformen; am Gottesdienst beteiligte Personen; liturgische Kleidung und Sprache, liturgische Geräte und Bräuche. Personen, Tun und Gegenstände – alles will dazu beitragen, dass in der Liturgie → Gott lebendig spürbar werden kann.

Lourdes → Bernadette Soubirous

Lukas

Lukas ist einer der vier Evangelisten. In seinem Evangelium und in der → Apostelgeschichte hat er viel über das Leben und die Botschaft Jesu geschrieben. Der Apostel → Paulus schreibt, Lukas sei von Beruf Arzt gewesen (Kolosser 4,14). Jedenfalls hat er sehr schön und oft von Krankenheilungen berichtet. Besonders bekannt ist die Erzählung vom barmherzigen → Samariter. Lukas starb in Rom, wohin er mit dem heiligen Paulus gegangen war. Das Fest des heiligen Lukas feiert die Kirche am 18. Oktober.

Luther, Martin

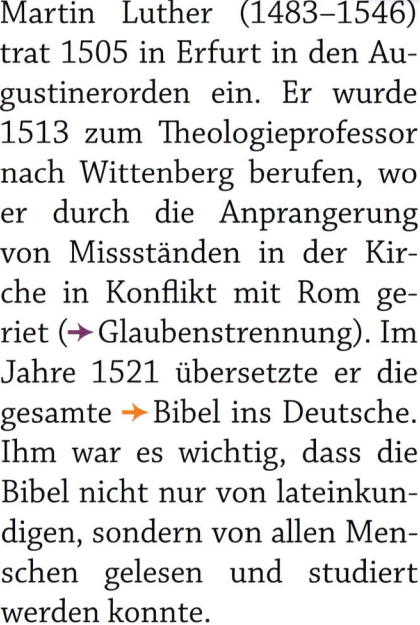

Martin Luther (1483–1546) trat 1505 in Erfurt in den Augustinerorden ein. Er wurde 1513 zum Theologieprofessor nach Wittenberg berufen, wo er durch die Anprangerung von Missständen in der Kirche in Konflikt mit Rom geriet (→ Glaubenstrennung). Im Jahre 1521 übersetzte er die gesamte → Bibel ins Deutsche. Ihm war es wichtig, dass die Bibel nicht nur von lateinkundigen, sondern von allen Menschen gelesen und studiert werden konnte.

Luzia, heilige

Luzia wurde um das Jahr 300 n. Chr. auf Sizilien geboren. Sie entstammte einer reichen Familie und glaubte an → Christus. Zu dieser Zeit wurden die Christen verfolgt, verhaftet und getötet. Deshalb trafen sie sich heimlich in den → Katakomben zum Gottesdienst oder versteckten sich dort. Die Legende erzählt, dass Luzia diese Menschen mit Lebensmittel versorgte. Um die Hände zum Tragen und Verteilen der Speisen frei zu haben, setzte sie sich einen Kranz aus Lichtern auf den Kopf. Luzias Eltern wollten sie mit einem

reichen Mann verheiraten. Luzia aber wollte Menschen in Not helfen und auf allen Reichtum verzichten. Sie löste die Verlobung. Aus der Liebe des jungen Mannes wurde Hass. Er verriet Luzia an den Kaiser und der ließ sie hinrichten. Das Fest der heiligen Luzia feiern wir am 13. Dezember.

Magnificat

Das Magnificat (lat. = es preist) ist der Lobgesang, den die Gottesmutter → Maria beim Besuch ihrer Verwandten → Elisabet (Lukas 1,46-55) gesungen hat. Es beginnt in deutscher Fassung mit den Worten: „Meine Seele preist die Größe des Herrn und mein Geist jubelt über Gott, meinen Retter." Das Magnificat wurde schon früh im christlichen Gottesdienst gebetet. Noch heute erklingt dieses Loblied täglich in der → Vesper, dem feierlichen Abendgebet der Kirche. Eine deutsche Übertragung des Magnificats findet sich in dem Kirchenlied „Den Herrn will ich loben" (Gotteslob Nr. 261).

Mahlfeier

Die Mahlfeier (Eucharistiefeier) ist der zweite Hauptteil der heiligen → Messe. Sie findet am Altar statt und besteht aus folgenden Einzelteilen: Gabenbereitung, Präfation, Sanctus (Heilig),

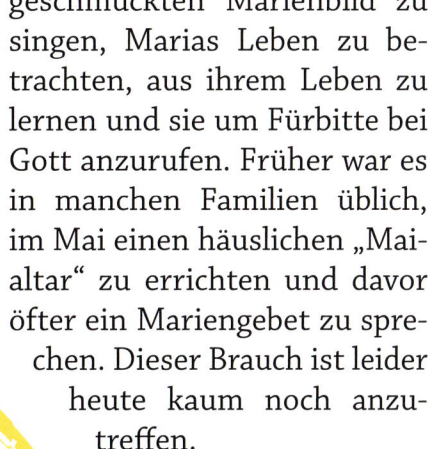

Hochgebet mit Wandlung von Brot und Wein, Vaterunser, Friedensgruß, Agnus Dei (Lamm Gottes), Kommunionempfang, Schlussgebet.

Maiandachten

Maiandachten sind Andachten zu Ehren von → Maria, der Mutter Jesu, im Monat Mai. Die Gläubigen kommen in der Kirche zusammen, um vor dem geschmückten Marienbild zu singen, Marias Leben zu betrachten, aus ihrem Leben zu lernen und sie um Fürbitte bei Gott anzurufen. Früher war es in manchen Familien üblich, im Mai einen häuslichen „Maialtar" zu errichten und davor öfter ein Mariengebet zu sprechen. Dieser Brauch ist leider heute kaum noch anzutreffen.

Mammon

Mit dem Wort Mammon (wahrscheinlich hebr. = Gesichertes) bezeichnet → Jesus abwertend Besitz, Geld und Reichtum. Zu den Jüngern sagte er einmal: „Ihr könnt nicht beiden dienen, Gott und dem Mammon" (Lukas 16,13).

Maranata

Maranata war ein Gebetsruf der ersten → Christen. Das aramäische Wort bedeutet auf Deutsch „Unser Herr, komm!" Mit diesem Ruf brachten die Christen der Urgemeinde ihre Hoffnung auf die Wiederkunft Christi am Ende der Zeit zum Ausdruck (→ Parusie).

Maria

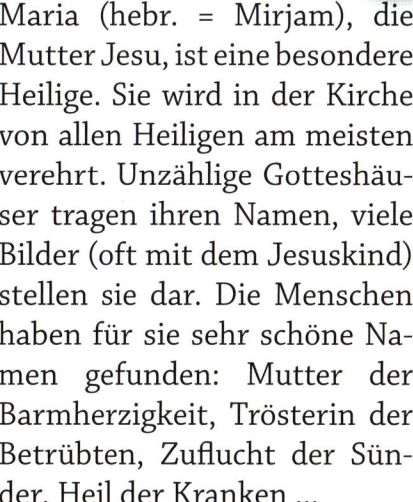

Maria (hebr. = Mirjam), die Mutter Jesu, ist eine besondere Heilige. Sie wird in der Kirche von allen Heiligen am meisten verehrt. Unzählige Gotteshäuser tragen ihren Namen, viele Bilder (oft mit dem Jesuskind) stellen sie dar. Die Menschen haben für sie sehr schöne Namen gefunden: Mutter der Barmherzigkeit, Trösterin der Betrübten, Zuflucht der Sünder, Heil der Kranken …
Die Bibel erzählt nicht sehr viel von der Gottesmutter. Die Eltern von Maria waren → Anna und Joachim. Sie waren bereits sehr alt und zu ihrem großen Leid kinderlos geblieben. Eines Tages erschien ihnen ein Engel, der ihnen die Geburt eines Kindes ankündigte: Maria.
In den → Evangelien wird Maria vor allem erwähnt in der Erzählung über die Geburt Jesu (Lukas 2,1-20) und in der Leidensgeschichte (Johannes 19,25-27). Während → Jesus predigte und wirkte, stand sie eher im Hintergrund. Nach dem Tod Jesu lebte sie möglicherweise bei dem Jünger → Johannes, zu dem Jesus vor seinem Tod noch gesagt hatte: „Sieh da, deine Mutter!" (Johannes 19,27). Wo und wann sie starb, ist nicht überliefert.

Überall auf der Welt gibt es Marienwallfahrtsorte (→Wallfahrt). Menschen in Not pilgern dorthin und bitten Maria um Hilfe. Sehr bekannt sind Altötting und Kevelaer in Deutschland, Mariazell in Österreich, Einsiedeln in der Schweiz, Lourdes in Frankreich (→Bernadette Soubirous), →Fatima in Portugal und Tschenstochau in Polen. Maria ist die Patronin der gesamten Christenheit.

Mariä Aufnahme in den Himmel

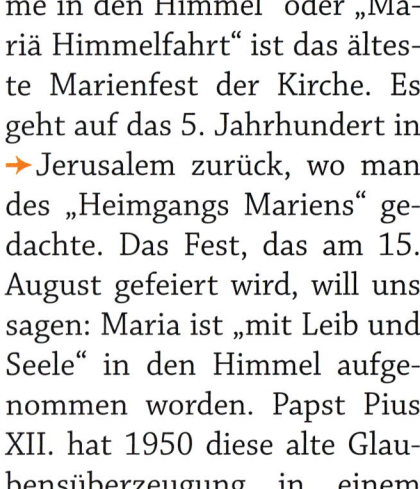

Das Hochfest „Mariä Aufnahme in den Himmel" oder „Mariä Himmelfahrt" ist das älteste Marienfest der Kirche. Es geht auf das 5. Jahrhundert in →Jerusalem zurück, wo man des „Heimgangs Mariens" gedachte. Das Fest, das am 15. August gefeiert wird, will uns sagen: Maria ist „mit Leib und Seele" in den Himmel aufgenommen worden. Papst Pius XII. hat 1950 diese alte Glaubensüberzeugung in einem →Dogma verkündet. Am Festtag finden seit Jahrhunderten in vielen katholischen Kirchen Kräuterweihen statt. Mit diesem Brauch soll Maria geehrt werden. Die geweihten Sträu-

ße werden dann zu Hause an der Wand oder auf dem Dachboden aufgehängt: Sie sollen gegen Krankheiten, Unglück und Gewitter helfen.

Maria Magdalena

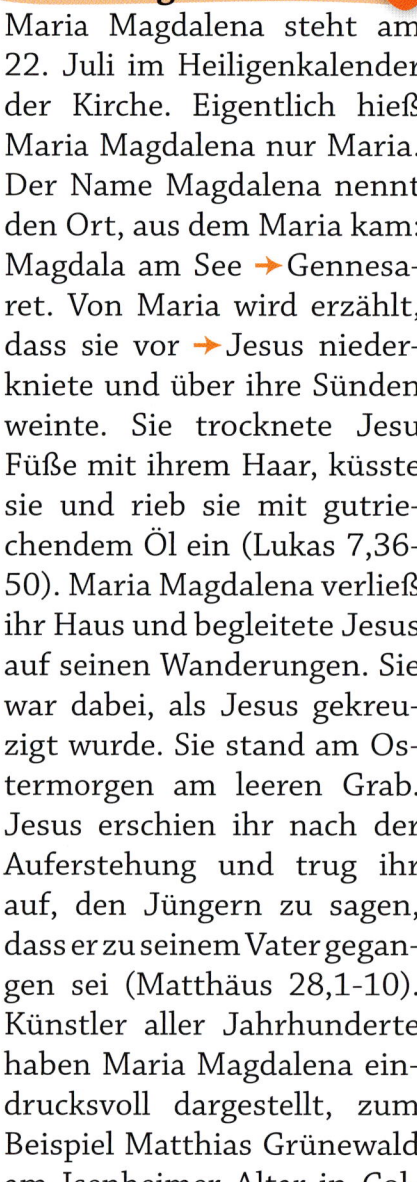

Maria Magdalena steht am 22. Juli im Heiligenkalender der Kirche. Eigentlich hieß Maria Magdalena nur Maria. Der Name Magdalena nennt den Ort, aus dem Maria kam: Magdala am See →Gennesaret. Von Maria wird erzählt, dass sie vor →Jesus niederkniete und über ihre Sünden weinte. Sie trocknete Jesu Füße mit ihrem Haar, küsste sie und rieb sie mit gutriechendem Öl ein (Lukas 7,36-50). Maria Magdalena verließ ihr Haus und begleitete Jesus auf seinen Wanderungen. Sie war dabei, als Jesus gekreuzigt wurde. Sie stand am Ostermorgen am leeren Grab. Jesus erschien ihr nach der Auferstehung und trug ihr auf, den Jüngern zu sagen, dass er zu seinem Vater gegangen sei (Matthäus 28,1-10). Künstler aller Jahrhunderte haben Maria Magdalena eindrucksvoll dargestellt, zum Beispiel Matthias Grünewald am Isenheimer Altar in Col-

mar. Dort sitzt Maria Magdalena zu Füßen von Jesus.

Markus (Evangelist)

Markus verfasste vermutlich um 70 n. Chr. das älteste und kürzeste Evangelium. Er stammte aus →Jerusalem, begleitete den Missionar Barnabas und den Apostel →Paulus auf ihren Reisen und war ein Mitarbeiter des →Petrus, dessen Predigten er aufschrieb. Markus gilt als der Gründer der Kirche von Alexandrien in Ägypten. Seine Gebeine sind im Markusdom in Venedig beigesetzt. Der Evangelist ist Wetterpatron und wird angerufen um Bewahrung vor einem plötzlichen Tod. Sein Fest feiert die Kirche am 25. April.

Martin, heiliger

Das Fest des heiligen Martin feiern wir am 11. November. Martin wurde im Jahr 316 in Ungarn geboren und wurde später Soldat in der römischen Armee. Als er einmal durch eine eisige Winterlandschaft ritt, sah er einen Bettler im Schnee sitzen, der entsetzlich fror. Martin zog sein Schwert und teilte seinen Mantel in der

Mitte
durch. Die
eine Hälfte gab er dem armen Mann. In der Nacht darauf erschien → Jesus Martin im Schlaf. Er trug das Mantelstück, das Martin verschenkt hatte. Dann hörte er Jesus zu seinen Engeln sagen: „Martin hat mich mit seinem Mantel bekleidet." Da wusste Martin: Ich will ein Christ werden. Bald darauf ließ sich Martin taufen. Später wählten ihn die Leute zum Bischof von Tours. Martin tat für die Armen viel Gutes. Schon bald nach seinem Tod (397) wurde er als Heiliger verehrt.

Martinsgans

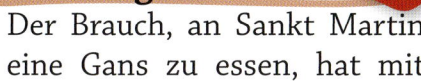

Der Brauch, an Sankt Martin eine Gans zu essen, hat mit folgender Legende zu tun: Als der heilige → Martin hörte, dass er Bischof von Tours werden sollte, wollte er das schwere Amt nicht übernehmen. Er flüchtete sich in einen Gänsestall, damit ihn niemand fand. Die Gänse aber schnatterten aufgeregt und verrieten so das Versteck. Martin wurde schließlich gefunden und trat sein Amt an. Aber er soll sich so über das Gänsegeschnatter geärgert haben, dass er die Gänse kurzerhand schlachten und braten ließ.

Märtyrer

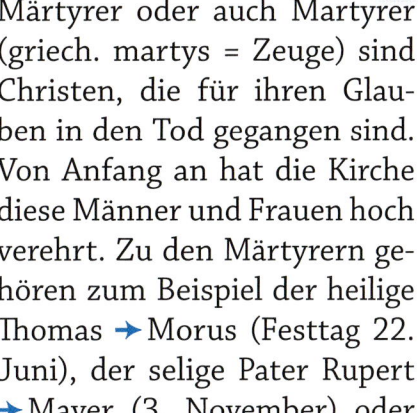

Märtyrer oder auch Martyrer (griech. martys = Zeuge) sind Christen, die für ihren Glauben in den Tod gegangen sind. Von Anfang an hat die Kirche diese Männer und Frauen hoch verehrt. Zu den Märtyrern gehören zum Beispiel der heilige Thomas → Morus (Festtag 22. Juni), der selige Pater Rupert → Mayer (3. November) oder die heilige → Luzia (13. Dezember). Über den Gräbern von Märtyrern wurden oft viele Jahre nach ihrem Tod Kirchen oder Kapellen gebaut.

Matthäus (Evangelist)

Matthäus gehört zum Kreis der zwölf engsten → Jünger Jesu. Er war von Beruf → Zöllner, bis Jesus ihn in seine Nachfolge rief (Matthäus 10,3). Seinen Namen trägt das erste Evangelium, das aber nicht (wie lange angenommen wurde) von ihm, sondern von einem unbekannten judenchristlichen Lehrer um 90 n. Chr. verfasst wurde. Nach legendären Berichten soll Matthäus das Wort Gottes zunächst in Palästina (→ Heiliges Land), dann in Äthiopien (Südägypten), Parthien (Kaspisches Meer) und in Persien verkündet haben. In Persien erlitt er auch den Märtyrertod. Seine Gebeine ruhen seit 1084 im Dom von Salerno. Sein Festtag ist am 21. September.

Mayer, Rupert

Jesuitenpater Rupert Mayer wurde 1876 in Stuttgart geboren. Nach einem Theologiestudium wurde er 1899 zum Priester geweiht und trat dann in den Jesuitenorden ein. Im

Ersten Weltkrieg stand er an der Front und half den Verwundeten und Sterbenden. Hierbei wurde er selbst verwundet und verlor sein linkes Bein. Nach dem Krieg wirkte er in München als erfolgreicher Männerseelsorger. Unerschrocken bekämpfte er die Irrlehren des Nationalsozialismus. Dafür wurde er in das Konzentrationslager Sachsenhausen verschleppt. Gesundheitlich zerstört brachte man ihn von dort in die Abtei Ettal, wo er 1945 starb. Im Jahr 1987 wurde Rupert Mayer seliggesprochen. Sein Fest ist am 1. November.

Messbuch (Missale)

Bei der Feier der heiligen → Messe liest der → Priester aus dem Messbuch vor. Das Messbuch, das auf dem → Altar liegt, enthält alle (gleichbleibenden und wechselnden) Gebete und Gesänge, die zum Gottesdienst gehören. Es wird auch Missale genannt. Mancherorts ist es ein sehr kostbares Buch mit schön gestaltetem Einband und feinem Papier.

Messe, heilige

Es gibt verschiedene Gottesdienstformen, von der Rosenkranzandacht über den Bußgottesdienst bis zur Karfreitagsliturgie. Die häufigste Form ist jedoch gleichzeitig die älteste: die heilige Messe, die Feier der → Eucharistie. Das Wort Messe kommt aus der lateinischen Sprache und bedeutet so viel wie „Entlassung" oder „Sendung".

In der heiligen Messe feiert die Kirche die Erinnerung an den Tod und die Auferstehung Jesu. Bereits in der jungen Kirche wurde die Feier nach einem bestimmten Ablauf gestaltet. Stets wurden die gleichen Gebete gesprochen und die gleichen Handlungen vorgenommen. Nach und nach entstand das, was wir heute als Messliturgie kennen.

Die heilige Messe besteht aus zwei Hauptteilen: → Wortgottesdienst und → Mahlfeier.

Der Wortgottesdienst findet am Ambo statt, dem „Tisch des Wortes", die Mahlfeier am Altar, dem „Tisch des Brotes". Beide Hauptteile sind wiederum unterteilt in kleinere Sinnabschnitte.

Messgewand

Das Messgewand ist das oft kostbare, an den Seiten offene Obergewand des Priesters bei der Feier der heiligen Messe (→ Kleidung, liturgische). Es wird in der jeweiligen liturgischen Farbe getragen. Das Messgewand des Priesters nennt man auch „Casel", das der Diakone → „Dalmatik". Es kann an verschiedenen Orten und Zeiten ganz unterschiedlich aussehen, aber immer ist es festlich: aus Seide, mit feinen Stickereien versehen oder mit Zierstreifen auf der Vorder- und Rückseite geschmückt.

Messias

Messias ist ein hebräisches Wort („maschiach") und bedeutet „Gesalbter". Im Alten

Testament werden Könige und Priester mit duftendem → Öl gesalbt und in ihr Amt eingesetzt. Der Gesalbte ist auch der versprochene Retter, der Friedenskönig, auf den das Volk → Israel sehnsüchtig wartet. Im Neuen Testament wird der Titel Messias griechisch mit → „Christus" übersetzt. Jesus ist der Messias, der Christus. Auf die Frage Jesu an seine Jünger, „Für wen haltet ihr mich?", antwortet Simon → Petrus: „Du bist der Messias!" (Markus 8,29). Und als Jesus vom Hohenpriester gefragt wird: „Bist du der Messias, der Sohn des Hochgelobten?", erwidert er: „Ich bin es" (Markus 14,61f.).

Mette

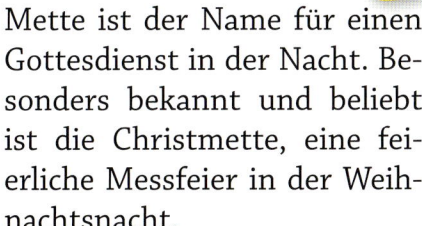

Mette ist der Name für einen Gottesdienst in der Nacht. Besonders bekannt und beliebt ist die Christmette, eine feierliche Messfeier in der Weihnachtsnacht.

Michael

Michael (hebr. = Wer ist wie Gott?) ist der Erzengel, der laut Neuem Testament den Teufel (Luzifer) und dessen Anhang besiegte (Offenbarung 12,7-12a). Er gilt als Führer der Engel, die die Seelen der Verstorbenen zu Gott geleiten. In Deutschland gibt es viele Kirchen, die dem Erzengel Michael geweiht sind, besonders auf den Bergen. Nach Michael sind zahlreiche Messen und Märkte benannt, die Ende September stattfinden. In den Alpenländern findet am Michaelstag (29. September) häufig der Almabtrieb statt. Michael gilt als Patron der Deutschen. Dargestellt wird er als ritterlicher Engel mit dem Schild.

Ministrant/in

Das Wort Ministrant kommt vom lateinischen Wort „minister" und bedeutet: der Diener, der Dienende. Der Ministrant, den man in manchen Gegenden auch „Messdiener" nennt, ist der Gehilfe des Zelebranten (Priester oder Diakon) bei der Feier des Gottesdienstes. Er tut seinen Dienst stellvertretend für die Gemeinde und trägt dabei liturgische Kleidung. Seine Aufgaben sind vielfältig: den Altar decken mit Brot, Kelch und Wein; Bücher, Öle oder Weihwasser anreichen; das Weihrauchfass bedienen, das Kreuz oder Kerzen tragen, mit Schellen läuten, Geld einsammeln, zum Evangelium leuchten und anderes. Früher hat man für diese Aufgaben ausschließlich Jungen genommen, heute ist der Ministrantendienst offen für Mädchen und Jungen. In Deutschland tun ungefähr 390 000 Mädchen und Jungen als Ministranten ihren Dienst.

Misereor

Das lateinische Wort „Misereor" heißt übersetzt „Ich erbarme mich." Misereor ist ein Hilfswerk, das die deutschen Bischöfe im Jahr 1958 gegründet haben, um arme und unterdrückte Menschen zu unterstützen, die in den Elendsgebieten Afrikas, Asiens und Lateinamerikas leben. Am Sonntag vor Ostern (→ Palmsonntag) wird in allen katholischen Kirchen Geld für die Arbeit von Misereor gesammelt. Mit dieser „Fastenaktion" sowie mit anderen Aktionen und Projekten baut Misereor eine Brücke des Verständnisses und der Hilfsbereitschaft zwischen Deutschland und den armen Ländern. Das Hilfswerk Misereor befindet sich in Aachen. Die Adresse: Misereor, Aktion gegen Hunger und Krankheit, Mozartstraße 9, 52064 Aachen, www.misereor.de.

Mitra

Die Mitra ist Kopfbedeckung und Würdezeichen eines → Bischofs (oder manchmal auch eines Abtes) bei der Feier der → Liturgie. Für die Mitra gibt es verschiedene Deutungen. Manche sehen darin einen Hinweis auf das christliche Zeichen des Fisches, da die Mitra die Form eines Fischmauls hat (→ Fisch).

Monika, heilige

Monika war die Mutter des heiligen → Augustinus. Sie wurde 332 in Tageste in Afrika geboren. Ihre christlichen Eltern vermählten sie mit dem heidnischen Beamten Patricius, den sie zum Christentum bekehrte. Als sich ihr Sohn Augustinus vom Glauben abwandte und nur seinen Vergnügungen lebte, hörte Monika nicht auf, für ihn zu beten. Augustinus änderte seine Lebenshaltung und empfing zu Ostern 387 in Mailand die Taufe. Auf der gemeinsamen Rückreise nach Afrika starb Monika im Herbst 387 in der Hafenstadt Ostia bei Rom. Ihr Fest feiert die Kirche am 27. August, einen Tag vor dem Fest des heiligen Augustinus.

Monotheismus

Monotheismus ist eine Religion, in der ein einziger, persönlicher und überweltlicher Gott anerkannt und verehrt wird. → Christentum, → Judentum und der Islam sind monotheistische Religionen. Sie verlangen vom Menschen, außer dem einen Gott keine anderen Gottheiten (Polytheismus) anzubeten.

Monstranz

Die Monstranz (lat. monstrare = zeigen) ist ein liturgisches Zeigegerät. Mit ihr wird → Jesus in der Gestalt des heiligen Brotes den Gläubigen gezeigt und von diesen verehrt. Die Monstranz ist meist sehr wertvoll und künstlerisch schön gestaltet. Das ist ein Hinweis darauf, dass das gezeigte Brot in der Mitte der Monstranz wertvoller ist als alles andere auf der Welt. Am Fronleichnamstag (Donnerstag nach Dreifaltigkeit) wird die Monstranz mit dem heiligen Brot in einer feierlichen → Prozession durch die Straßen unserer Städte und Dörfer getragen.

Morus (More), Thomas

Thomas Morus wurde am 7. Februar 1478 in London geboren. Nach theologischen und juristischen Studien trat er in den Dienst König Heinrichs VIII., dessen enger Vertrauter er wurde. 1529 ernannte ihn der König zum Lordkanzler. Als der König jedoch die Errichtung einer Staatskirche plante und sich von Rom lossagte, trat er 1532 von seinem Amt zurück. Morus verweigerte dem König die Anerkennung als Oberhaupt der anglikanischen Kirche. Heinrich VIII. ließ daraufhin seinen ehemaligen Lordkanzler im Tower einkerkern, wegen Hochverrats zum Tode verurteilen und am 6. Juli 1535 enthaupten. Das Fest des heiligen Thomas Morus ist am 22. Juni.

Mose

Mose (ägypt. = Gott hat ihn gezeugt) war der Sohn israelitischer Eltern in Ägypten. Seine Erziehung erhielt er am Hof des Pharao in Ägypten. Als junger Mann floh er nach Midian, weil er einen Ägypter getötet hatte, der zuvor einen seiner Landsleute erschlagen hatte (Exodus 2,11-22). Von Gott beauftragt, führte er die Israeliten aus der Sklaverei in Ägypten. Er geleitete sie durch die Wüste, wo Gott ihm am Berg

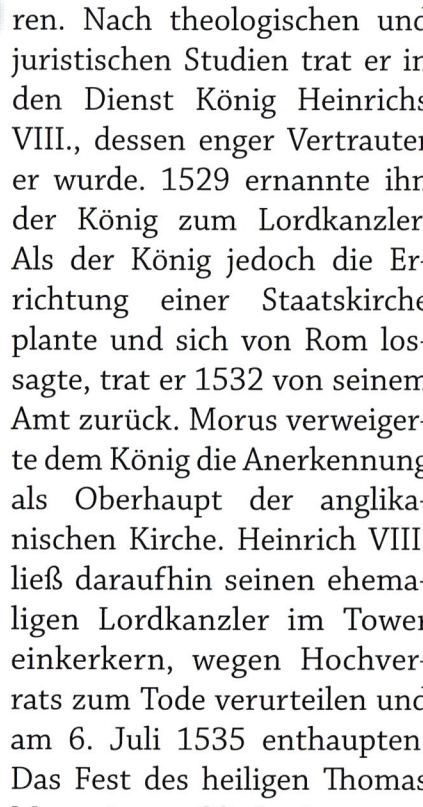

→ Sinai

die → Zehn Gebote gab und einen Bund mit dem Volk Israel schloss (Exodus 19–40). Mose führte die Israeliten an die Grenze des Gelobten Landes, das er vor seinem Tode noch vom Berg Nebo aus sehen durfte (Deuteronomium 34). Die ersten fünf Bücher der Bibel (Pentateuch) werden nach der Tradition Mose zugeschrieben.

Mutter Teresa

Mutter Teresa (eigtl. Agnes Gonxha Bojaxhio) wurde am 26. August 1910 in Skopje (Makedonien) geboren. Mit 18 Jahren trat sie als Nonne bei den Loretoschwestern in Dublin ein und arbeitete dann viele Jahre lang an der ordens-

eigenen Schule in Kalkutta. In dem Jahr 1946 entschloss sie sich, in die Slums zu gehen und dort den Ärmsten der Armen zu helfen. 1950 gründete sie den Orden der „Missionare der Nächstenliebe", der heute auf der ganzen Welt verbreitet ist. Die Schwestern und Brüder sorgen für Sterbende, Obdachlose, Kranke und Waisenkinder. 1979 erhielt Mutter Teresa den Friedensnobelpreis. Sie starb 1997 und wurde im Jahr 2003 von Papst Johannes Paul II. seliggesprochen.

Nächstenliebe

Nächstenliebe ist neben der Liebe zu Gott das wichtigste Gebot (→ Liebe). Wer der Nächste ist, erklärt Jesus einem Gesetzeslehrer mit dem Gleichnis vom barmherzigen Samariter (Lukas 10,29-37): Ein Jude war

von Räubern überfallen worden und lag halbtot am Straßenrand. Zwei andere Juden, die den Weg entlangkamen, gingen vorbei und kümmerten sich nicht um ihn. Ein → Samariter aber unterbrach seine Reise, obwohl die Samariter damals mit den Juden sehr verfeindet waren. Er verband die Wunden des Überfallenen, brachte ihn in eine Herberge und regelte vor seiner Abreise alles Nötige, damit man ihn weiterpflegte. Am Ende seiner Geschichte fragte Jesus den Gesetzeslehrer: „Wer von diesen dreien ist der Nächste des Mannes gewesen, der von den Räubern überfallen wurde?" Dieser antwortete: „Der, der barmherzig an ihm gehandelt hat." – Mit diesem Gleichnis macht Jesus deutlich: Jeder Mensch ist mein Nächster, auch mein Feind (→ Feindesliebe).

Name Gottes

Vor ganz langer Zeit hat → Mose den Namen Gottes erfahren. Und das geschah so: Das Volk der Israeliten war in Ägypten in der Gefangenschaft. Dort mussten sie als Sklaven schwere Arbeiten verrichten und viel leiden. In ihrer Not beteten die Israeliten zu Gott und baten um Hilfe. Da wählte

Gott Mose, einen Schafhirten, aus, damit er die Israeliten von Ägypten in ein anderes Land führe. Gott erschien Mose in einem brennenden Dornbusch und gab ihm den Auftrag. Da fragte Mose: „Was soll ich denn den Leuten sagen, wenn sie mich fragen, wer du bist und wie du heißt?" Gott antwortete ihm: Ich bin der „Ich bin da" (vgl. Exodus 3,1-15). Das also ist der Name Gottes. Gott ist immer da, mitten unter seinem Volk. Das galt damals für die Israeliten. Und das gilt auch heute für uns.

Namenstag

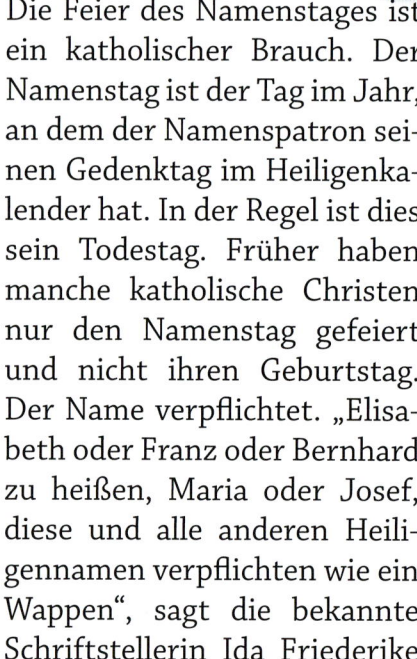

Die Feier des Namenstages ist ein katholischer Brauch. Der Namenstag ist der Tag im Jahr, an dem der Namenspatron seinen Gedenktag im Heiligenkalender hat. In der Regel ist dies sein Todestag. Früher haben manche katholische Christen nur den Namenstag gefeiert und nicht ihren Geburtstag. Der Name verpflichtet. „Elisabeth oder Franz oder Bernhard zu heißen, Maria oder Josef, diese und alle anderen Heiligennamen verpflichten wie ein Wappen", sagt die bekannte Schriftstellerin Ida Friederike Görres (1901–1971).

Nazaret

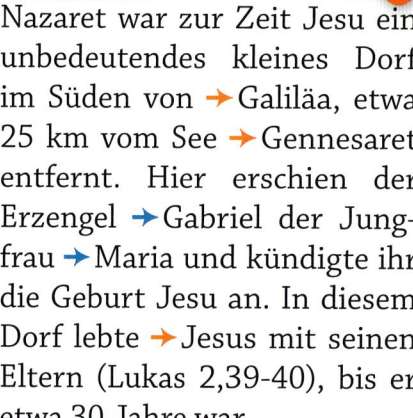

Nazaret war zur Zeit Jesu ein unbedeutendes kleines Dorf im Süden von → Galiläa, etwa 25 km vom See → Gennesaret entfernt. Hier erschien der Erzengel → Gabriel der Jungfrau → Maria und kündigte ihr die Geburt Jesu an. In diesem Dorf lebte → Jesus mit seinen Eltern (Lukas 2,39-40), bis er etwa 30 Jahre war.

Neues Testament

Das Neue Testament ist der zweite Teil der → Bibel. Manche Leute verstehen den Namen falsch und meinen, das Neue Testament würde das → Alte Testament ersetzen. Das trifft aber nicht zu. Vielmehr baut das Neue Testament auf dem Alten auf.

Die „gute Nachricht" des Neuen Testaments ist: Jetzt erfüllt sich, was im Alten Testament begonnen wurde. Gott schließt nicht nur mit dem Volk → Israel, sondern mit allen Menschen Freundschaft, ganz gleich, welche Sprache sie sprechen und welche Hautfarbe sie haben. Er schickt → Jesus Christus, den Sohn Gottes, auf die Welt, um das allen Menschen mitzuteilen und vorzuleben.

Das Neue Testament, das aus 27 größeren und kleineren Büchern besteht, ist in kürzerer Zeit entstanden als das Alte Testament, etwa in den Jahren zwischen 50 und 120 nach Christus. Nachdem Jesus gestorben und seinen Jüngern als Auferstandener erschienen war, wurden seine Worte und Taten zunächst „mündlich überliefert", also weitererzählt, und erst dann aufgeschrieben.

In den Ländern, in denen die Geschichten von Jesus verbreitet wurden, wurde griechisch gesprochen. Deshalb sind auch die Schriften des Neuen Testaments in dieser Sprache geschrieben worden. Man spricht daher auch von der „griechischen Bibel". Im Sprachgebrauch der Kirche sind heute noch griechische Wörter enthalten, zum Beispiel „Kyrie, eleison" (das heißt „Herr, erbarme dich").

Niklaus von Flüe, heiliger

Niklaus von Flüe (1417–1487) ist der große Nationalheilige der Schweiz. Der angesehene Bergbauer, Vater von zehn Kindern, verließ mit 50 Jahren Hof und Familie und lebte als „Bruder

Klaus" 20 Jahre in einer abgeschiedenen Waldklause. Hier wurde er zum Ratgeber für unzählige Menschen und zu einem Friedensstifter für die Schweizer, als diese in einen Bürgerkrieg verstrickt waren. Besonders verehrt wird er in Sachseln, wo sich sein Grab befindet. Sein Fest feiert die Kirche am 25. September.

Nikolaus, heiliger

Nikolaus war im 4. Jahrhundert Bischof von Myra, einer Hafenstadt am Mittelmeer in Kleinasien (Türkei). Es gibt zahlreiche Legenden, die von seiner Freigebigkeit und Hilfsbereitschaft erzählen: Drei armen jungen Frauen warf Nikolaus drei Säckchen mit Gold durchs Fenster. Nun hatte ihre Not ein Ende und sie konnten heiraten. Ein anderes Mal herrschte in Myra eine große Hungersnot. Bischof Nikolaus bat den Kapitän eines Schiffes um Korn. Doch soviel Korn auch aus dem Schiff getragen wurde, die Ladung wurde nicht weniger. Nikolaus hatte auf wunderbare Weise dafür gesorgt, dass die Menschen wieder Brot bekamen. Zur Erinnerung an den heiligen Bischof kommt am 6. Dezember (oder am Abend vorher) der Nikolaus in die Familien und beschenkt die Kinder. Im Jahr 1087 brachten Kaufleute die Gebeine des Heiligen nach Bari (Italien). Dort ruhen sie noch heute.

Nuntius

Der Nuntius (lat. = Bote) ist ein Botschafter des Papstes in einem Land, zu dem der Vatikan diplomatische Beziehungen unterhält. Am Tag der Papstwahl von Benedikt XVI. pflegte der Vatikan zu 176 Staaten diplomatische Beziehungen (→ Konkordat).

O

Oblate

Der Begriff Oblate leitet sich von dem lateinischen Wort „hostia ablata" (dargebrachte Opfergabe) ab. Die Oblate wird in der Messfeier als → Hostie verwendet. Sie besteht aus ungesäuertem, nicht aufgegangenem Teig. Die Oblate ist rein und weiß und bröckelt nicht beim Brechen. Das ist wichtig, denn die katholischen Christen glauben daran, dass auch im kleinsten Teil der Oblate → Christus gegenwärtig ist. (Die evangelischen Christen teilen in der Abendmahlsfeier normales Brot als Erinnerung an das → letzte Abendmahl miteinander.)

Ochs und Esel

Eines der bekanntesten Motive der Kirchenkunst ist die Darstellung von Ochs und Esel an der → Krippe. Obwohl davon in den → Evangelien nicht die Rede ist, hat sich dieses Bild seit dem Mittelalter weltweit eingebürgert. Es gibt eine Stelle in de Bibel, in der sich ein verdeckter Hinweis findet. Beim Propheten → Jesaja heißt es: „Der Ochse kennt seinen Besitzer und der Esel die Krippe seines Herrn. Israel aber hat keine Erkenntnis" (Jesaja 1,3).

Offenbarung

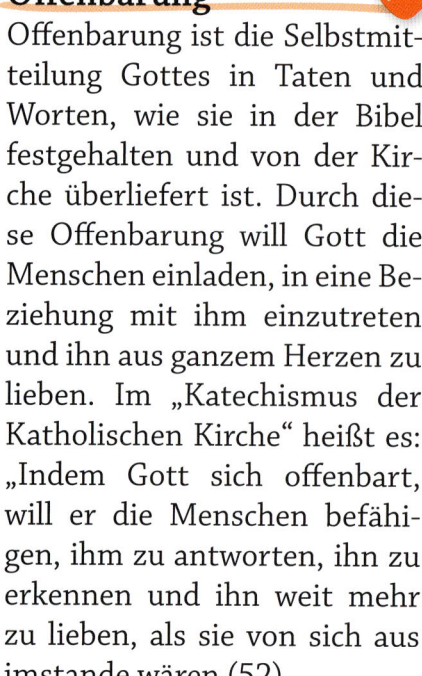

Offenbarung ist die Selbstmitteilung Gottes in Taten und Worten, wie sie in der Bibel festgehalten und von der Kirche überliefert ist. Durch diese Offenbarung will Gott die Menschen einladen, in eine Beziehung mit ihm einzutreten und ihn aus ganzem Herzen zu lieben. Im „Katechismus der Katholischen Kirche" heißt es: „Indem Gott sich offenbart, will er die Menschen befähigen, ihm zu antworten, ihn zu erkennen und ihn weit mehr zu lieben, als sie von sich aus imstande wären (52).

Ökumene

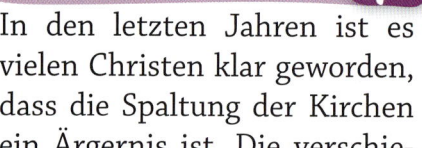

In den letzten Jahren ist es vielen Christen klar geworden, dass die Spaltung der Kirchen ein Ärgernis ist. Die verschiedenen Konfessionen (→ Konfession) suchen nach Wegen, das Anliegen Jesu zu verwirklichen: „Alle sollen eins sein: Wie du, Vater, in mir bist und ich in dir bin, sollen auch sie in uns sein, damit die Welt glaubt, dass du mich gesandt hast" (Johannes 17,21).

Die Bemühungen, die Einheit der Christen zu fördern, nennen wir Ökumene. Das aus dem Griechischen stammende Wort Ökumene bedeutet eigentlich: die bewohnte Welt, der ganze Erdkreis. Seit vielen Jahren versuchen vor allem evangelische und katholische Christen, ihren Glauben gemeinsam zu leben. Das geschieht in Veranstaltungen wie: ökumenische Gottesdienste, ökumenisches Hausgebet in der Advents- und Fastenzeit, ökumenische Kinder-Bibelwochen, Jugendkreuzweg, Weltgebetstag der Frauen, gemeinsame Kirchengemeinderatssitzungen, → Gebetswoche für die Einheit der Christen (18.–25. Januar und in der Woche vor Pfingsten), Kooperation in Sozialstationen, gemeinsame Hilfsaktionen für Notleidende.

Am 27. Oktober 1986 kamen in Assisi Vertreter aller Religionen auf Einladung von Papst Johannes Paul II. zum Gebet um den Frieden zusammen. Denn gemeinsam ist allen Religionen das Vertrauen in das Gebet zu → Gott, dem Allmächtigen, der hilft, wo die menschlichen Kräfte nicht mehr ausreichen.

Ökumenischer Rat der Kirchen (ÖRK)

Der Ökumenische Rat der Kirchen (ÖRK) oder Weltkirchenrat ist ein 1948 gegründeter Zusammenschluss von christlichen Kirchen. In ihm arbeiten 347 Mitgliedskirchen aus mehr als 120 Ländern auf allen Kontinenten in ökumenischen Fragen zusammen. Die katholische Kirche hat in diesem Rat einen Beobachtungsstatus.

Öl

In alter Zeit hat man Könige und Priester mit Öl gesalbt. Aus einem Horn wurde das Salböl über den Kopf gegossen. Diese Salbung verdeutlichte: Du bist von → Gott erwählt. Er ruft dich jetzt zu deinem Dienst. So salbte der Prophet Samuel, ein gerechter und weiser Richter, im Auftrag Gottes den jungen → David zum König von → Israel. Samuel – so heißt es in der Bibel – nahm einen

Ölkrug, goss etwas Öl auf Davids Haupt und segnete ihn (1 Samuel 16,1-13).

Bei der → Taufe, der → Firmung und der → Priester- und Bischofsweihe wird derjenige, der das Sakrament empfängt, mit heiligem Öl (Chrisam) gesalbt. Im Sakrament der → Krankensalbung wird der Kranke mit geweihtem Öl (Krankenöl) gesalbt und dadurch mit Gottes Geist und Kraft gestärkt. Die heiligen Öle werden vom → Bischof einmal im Jahr – in der sogenannten „Chrisammesse" am Gründonnerstagmorgen – geweiht.

Ölberg

Der Ölberg ist ein 800 m hoher Berg, der ca. 1 km von → Jerusalem entfernt liegt. Seinen Namen hat er von den zahlreichen Ölbäumen, die auf ihm wachsen und aus deren Früchten, den Oliven, das begehrte Öl gewonnen wird. → Jesus hielt sich oft mit seinen Jüngern auf dem Ölberg auf. Hier betete er auch in der Nacht vor seinem Leiden zu seinem Vater im Himmel: „Vater, wenn du willst, nimm diesen Kelch von mir! Aber nicht mein, sondern dein Wille soll geschehen" (Lukas 22,42).

Opferstock

Irgendwo steht in jeder → Kirche ein Opferstock. Mit dem Geld, das wir da hineinwerfen, helfen wir Menschen, die keine Wohnung oder keine Arbeit haben, die hungern müssen und große Not leiden. Gott will, dass wir füreinander sorgen. Menschen, die sich Christen nennen (also den Namen Christi tragen), sind verpflichtet, anderen Menschen zu helfen. Das gilt besonders für die Armen und Kranken (→ Kollekte).

Oration

Unter Oration (lat. orare = beten) versteht man alle Gebete, die der → Priester in der heiligen → Messe im Namen der versammelten Gemeinde vorträgt. Zu den Gebeten gehören vor allem das eucharistische → Hochgebet, sodann das Tages-, Gaben- und Schlussgebet. Die Messgebete wenden sich durch → Christus an Gott den Vater.

Ordensleute

Ordensleute sind Frauen (Nonnen) oder Männer (Mönche), die in klösterlichen Gemein-schaften zusammenwohnen. Diese Gemeinschaften heißen Orden. Nonnen und Mönche versprechen, dass sie nie heiraten und immer arm und gehorsam leben wollen. → Jesus ist ihr großes Vorbild. Ihm wollen sie ein Leben lang nachfolgen (→ Profess). In manchen Orden leben die Nonnen und die Mönche in großen Klöstern zusammen. In anderen wohnen sie in kleinen Gruppen in ganz normalen Häusern, in wieder anderen sind sie fast Einsiedler. Es gibt Orden, die sind besonders für Kranke da, andere für Schulkinder und wieder andere für Arme und Hungernde. Nonnen und

Mönche gibt es auf der ganzen Welt und in allen Religionen. Sie haben ganz unterschiedliche Kleider an. In Asien tragen die Mönche nur Kleider in Orange, anderswo sind sie schwarz, blau oder braun angezogen. Dort, wo es sehr heiß ist, zum Beispiel in Afrika, tragen viele Nonnen und Mönche schneeweiße Kleider.

Ordinariat

Das Wort Ordinariat bezeichnet die Verwaltung eines → Bistums. An ihrer Spitze steht der Generalvikar, der die kirchliche Behörde im Auftrag des → Bischofs leitet.

Organist

Der Organist ist ein Musiker, der in der Kirche die → Orgel spielt und dadurch den Gesang der Gemeinde während des Gottesdienstes begleitet. Manche üben diese Tätigkeit nebenberuflich, d. h. neben ihrem eigentlichen Beruf, aus. Andere sind hauptberufliche Musiker. Sie haben außer dem Orgelspielen noch andere Aufgaben in der Gemeinde, zum Beispiel die Leitung von Chören.

Orgel

Zu jedem größeren Gotteshaus gehört seit dem Mittelalter auch eine Orgel (griech. organon = Werkzeug). Dieses Instrument spielt ein → Organist oder eine Organistin und begleitet die Lieder, die wir im Gottesdienst singen. Das Orgelspiel in der Kirche ist sehr feierlich und der Gottesdienst wird dadurch schöner. Die Orgel besteht aus vielen Holz- oder Metallpfeifen, die für die lauten und leisen Töne sorgen. Sie steht meistens im hinteren Teil der Kirche auf der Empore. Hier steht bei besonders feierlichen Gottesdiensten auch der Kirchenchor. Das sind Frauen und Männer, die durch ihren Gesang Gott und die Kirchenbesucher erfreuen wollen. Es gibt eine Heilige, die oft mit einer kleinen Orgel dargestellt wird. Es ist die heilige Cäcilia. Sie liebte Gott so sehr, dass sie nicht mit ihren Freundinnen zum Tanz ging, sondern lieber vor Gott sang und betete. So wurde sie zur Patronin der Kirchenmusik und Orgelbauer.

Orthodoxe Kirche

Tausend Jahre lang gab es nur *eine* christliche Kirche: die Kirche Jesu Christi. Jeder, der an Gott glaubte, fühlte sich da auf die eine oder andere Weise zu Hause. Natürlich gab es auch mal Spannungen, aber diese wurden meist rasch beigelegt. Im Jahr 1054 kam es zu einem ersten großen Bruch. Die Kirche im Osten entschied sich für einen anderen Weg als die im Westen. Sie nannte sich fortan „orthodoxe Kirche". Wörtlich bedeutet das „die richtige Kirche". Typisch für die Orthodoxie sind die prächtige → Liturgie und die Ikonen – das sind die schönen Bilder von Jesus, der Gottesmutter Maria und den Heiligen.

Osterei

Schon früh wurde von den Christen das Ei – das Symbol des Lebens und der Fruchtbarkeit – als Zeichen der Auferstehung Jesu gesehen. So wie sich das kleine Küken mit seinem zarten Schnäbelchen aus der harten Schale des Eis befreit, so ist auch → Jesus von der harten Schale des Todes befreit und von Gott zu neuem Leben geführt worden. Seit alters her wurde das Ei als Symbol der Auferstehung von den Menschen gefärbt, zunächst nur in roter Farbe. Das sollte wohl an das

Blut Jesu erinnern und an seine Liebe zu den Menschen.

Osterkerze

Im Chorraum der Kirche steht von → Ostern bis → Pfingsten eine große Kerze in einem hohen Leuchter: die Osterkerze. Sie wird in der Osternacht feierlich am Osterfeuer angezündet. Mit ihr zieht der Priester in die dunkle Kirche ein. Dabei singt er: „Lumen Christi – Licht Christi!" Er dankt Gott, dass Christus die Dunkelheit des Todes besiegt hat. Dann zündet die ganze

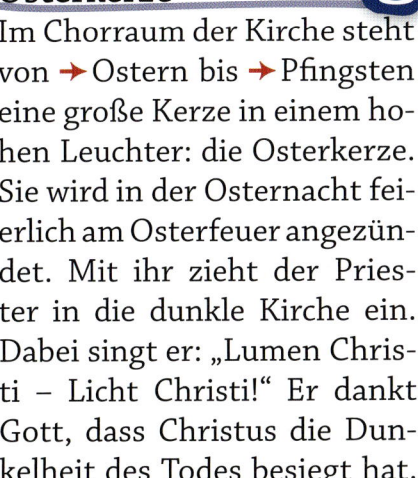

Gemeinde am Licht der Osterkerze ihre Kerzen an, um das Licht Christi zu allen Menschen bringen zu können. Die Osterkerze erinnert uns an die Auferstehung Jesu. Die fünf roten Wachsnägel bedeuten die fünf Wunden Jesu. Die Buchstaben A (erster Buchstabe des griechischen Alphabets) und O (letzter Buchstabe des griechischen Alphabets) sagen: → Jesus ist der Anfang und das Ende von allem, der Erste und der Letzte, der Ewige. Auf manchen Osterkerzen sehen wir auch noch ein Bild des auferstandenen Jesus. Bei einer Tauffeier wird die Taufkerze übrigens immer an der Osterkerze entzündet und dem Täufling mit den Worten übergeben: „Empfange das Licht Christi!"

Österliche Bußzeit

→ Fastenzeit, → Passionszeit

Ostern

Ostern ist das älteste und wichtigste Fest der Christenheit. Es ist das höchste Fest im → Kirchenjahr. Wir feiern die Auferstehung Jesu, den Sieg des Lebens über den Tod. Die Bibel erzählt, dass am frühen Ostermorgen zwei Frauen zum Grab Jesu gingen und ihn besuchen wollten. Doch das Grab war leer. Ein Engel sagte zu den Frauen: „Ihr sucht Jesus von Nazaret, den Gekreuzigten. Er ist nicht hier. Er ist auferstanden. Nun geht und sagt seinen Jüngern: Er geht euch voraus nach Galiläa, dort werdet ihr ihn sehen" (Markus 16,1-8). Beim Ostergottesdienst geht es besonders feierlich zu. Die → Kirche ist herrlich geschmückt, die → Orgel spielt festliche Musik, die → Osterkerze brennt beim Altar. Wir hören die Botschaft von Ostern und singen Lieder von der Auferstehung. Ostern wird seit dem Konzil von Nizäa im Jahre 325 immer am Sonntag nach dem ersten Frühlingsmond gefeiert.

Palästina → Heiliges Land

Palla

Die Palla (lat. = Gewand) ist ein weißer quadratischer Deckel zum Abdecken des Kelches. Sie soll den Wein vor Staub und Insekten schützen.

Palmbuschen

Zum → Palmsonntag gehört vielerorts der Palmbuschen. Größe, Zusammensetzung und Schmuck dieses Buschen sind nach

Gegend und Überlieferung verschieden. In Westfalen gab es früher einen hübschen Brauch für Kinder. Die Palmbuschen wurden mit Vögeln aus Hefeteig, Brezeln, Süßigkeiten und Früchten geschmückt. Nach dem Gottesdienst wurden sie im Haus versteckt. Die Kinder mussten sie suchen. Wer sie fand, rief: „Palmsonntag! Palmsonntag!" und durfte als Erster mit dem Plündern beginnen. Es war ein bisschen wie mit dem Adventskalender, um den Kindern die Zeit bis zum Osterfest nicht so lang werden zu lassen.

Palmsonntag

Die → Karwoche beginnt mit dem Palmsonntag. Am Palmsonntag werden im Gottesdienst Palm-, Buchsbaum-, Weiden- oder andere Zweige gesegnet. Sie erinnern an den Einzug Jesu in → Jerusalem, wo die Leute Zweige auf den Weg streuten, wo sie Jesus den Sohn Davids nannten und riefen: „Hochgelobt sei, der da kommt im Namen des Herrn, Hosanna in der Höhe!" (Matthäus 21,1-11). Manche Gläubige stecken nach dem Gottesdienst die gesegneten Zweige ans Haus oder ins Auto, ins Feld oder in den Garten. Sie sollen Unglück fernhalten und Heil und Segen bringen.

Papst

Der Papst (griech. pappa = Vater) ist das Oberhaupt der katholischen Kirche. Gleichzeitig ist er der Bischof von Rom und der Erste unter allen Bischöfen der Kirche. Er hat die Aufgabe, auf die Einheit der Kirche in der ganzen Welt zu achten – in Asien, Afrika, Amerika, Australien und Europa. Der erste Papst war der heilige → Petrus, dem → Jesus den Auftrag erteilte: „Weide meine Schafe!" (Johannes 21,15-17). Der jetzige Papst heißt Benedikt XVI., für den wir in jeder Eucharistiefeier beten. Er trägt heute die gleiche Verantwortung wie damals der heilige Petrus. Gewählt wird der Papst von der Versammlung der Kardinäle der ganzen Kirche (→ Konklave), in geheimer Abstimmung mit Zweidrittelmehrheit. Die Anrede des Papstes erfolgt mit dem Ehrentitel „Heiliger Vater".

Paradies → Garten Eden

Paramente

Paramente (lat. paratus = zubereitet) sind die liturgischen Gewänder (Messgewand, Stola, Rochett usw.) derer, die im Gottesdienst der Gemeinde Dienst tun: Priester, Diakon, Kommunionhelfer, Ministranten … (→ Kleidung, liturgische). Zunächst trug man im Gottesdienst einfache Alltagskleidung. Mit der öffentlichen Anerkennung der Kirche seit Konstantin (313) entwickelten sich dann allmählich festlichere Kleidungsstücke.

Parusie (Wiederkunft Jesu)

Parusie (griech. = Ankunft) meint die Wiederkunft Jesu am Ende der Zeit. In der heiligen Messe beten wir, dass wir glauben, dass → Jesus eines Tages wiederkommen wird: „Deinen Tod, o Herr, verkünden wir und deine Auferstehung preisen wir, bis du kommst in Herrlichkeit." Wann das sein wird, wissen wir nicht. „Am Ende der Zeiten", sagt die Kirche. Bis zu diesem Tag können wir uns auf die Begegnung mit Jesus vorbereiten, indem wir sein Werk

hier auf Erden fortsetzen und so leben, wie es Jesus möchte.

Paschafest

Das Paschafest (Passafest) ist ein jüdisches Fest, an dem an die Befreiung aus der Sklaverei in Ägypten gedacht wird (Exodus 12). Es wird ungefähr in der Zeit gefeiert, in der die Christen → Ostern feiern. Das Paschafest dauert acht Tage und beginnt am ersten Abend mit einem besonderen Abendessen, dem Sedermahl. Es gibt dabei ganz bestimmte Speisen, die alle Symbole sind für die Zeit der Unterdrückung der Juden in Ägypten.

Passionszeit

Die Passionszeit (Fastenzeit, österliche Bußzeit) beginnt am → Aschermittwoch und endet am → Karsamstag, dem Tag vor Ostern. Passion heißt „Leiden": Wir denken in diesen Tagen an die Ereignisse im Leben Jesu bis zum Tod am Kreuz und seiner Beisetzung. Nach seiner Taufe im Jordan verbringt Jesus 40 Tage fastend in der Wüste. Auch für uns heute sollen die Wochen der Passionszeit eine Zeit des Fastens sein. Dabei geht es nicht in ers-

ter Linie um den Verzicht auf Nahrung, sondern um Neuorientierung und Besserung unseres Lebens. Der Aschermittwoch und der Karfreitag sind in der katholischen Kirche gebotene Fastentage: Erwachsene sollten sich an diesen Tagen nur einmal satt essen und auf Fleisch verzichten.

Pastor → Pfarrer

Patene

Das Wort Patene stammt aus dem Griechischen und bedeutet „Schüssel". Es bezeichnet eine kleine Hostienschale, die während der heiligen → Messe auf dem Kelch des Priesters liegt. Sie ist ein Tellerchen aus Metall.

Pater

Das Wort Pater kommt aus dem Lateinischen und heißt übersetzt „Vater". Es ist die Anrede für einen katholischen Ordenspriester. Der Nichtpriester in einem Orden wird in der Regel mit „Bruder" angeredet.

Patriarchen

Patriarchen sind die Erzväter (Stammväter) des Volkes

→ Israel: → Abraham, → Isaak, → Jakob und seine zwölf Söhne (Genesis 12–50). Statt Erzväter spricht man auch von Erzeltern, um die Bedeutung der Frauen (Sara, Rebekka, Rahel, Lea u. a.) für die Geschichte Israels deutlich zu machen.

Patron

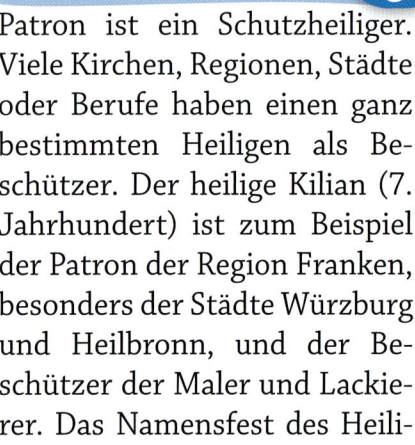

Patron ist ein Schutzheiliger. Viele Kirchen, Regionen, Städte oder Berufe haben einen ganz bestimmten Heiligen als Beschützer. Der heilige Kilian (7. Jahrhundert) ist zum Beispiel der Patron der Region Franken, besonders der Städte Würzburg und Heilbronn, und der Beschützer der Maler und Lackierer. Das Namensfest des Heiligen feiert die Kirche am 8. Juli.

Paulus, heiliger

Paulus (lat. = klein, gering, wenig) war neben → Petrus der wichtigste → Apostel und hieß ursprünglich Saulus. Er war ein Pharisäer, der die Christen brutal verfolgte. Als er einmal auf dem Weg nach Damaskus war, hatte er nach der Apostelgeschichte 9,1-22 eine Erscheinung: Er sah Christus, der von den Toten auferstanden war. Christus sagte ihm, er dürfe die Christen nicht

länger verfolgen, sondern solle ab jetzt in der ganzen Welt das → Evangelium verkünden. Darauf zog Paulus von Stadt zu Stadt und gründete viele christliche Gemeinden. Viele Briefe, die er diesen Gemeinden geschrieben hat, sind im Neuen Testament gesammelt. Nach einer sehr alten Überlieferung ist Paulus in Rom um 67 n. Chr. gestorben. Weil er ein Christ war, wurde er vom römischen Kaiser Nero zum Tod (durch Enthauptung) verurteilt. Sein Fest feiert die Kirche gemeinsam mit Petrus am 29. Juni.

Perikope

Die Perikope (griech. perikoptein = rings bebauen) ist ein bestimmter Sinnabschnitt aus der → Bibel, der während der heiligen Messe als Lesung (→ Epistel) oder → Evangelium vorgelesen wird. Das Buch für die gottesdienstliche Verlesung der Bibelabschnitte heißt auch → Lektionar.

Petrus, heiliger

Petrus (griech. = Fels), ein Bruder des → Andreas, war ein einfacher

Fischer am See → Gennesaret. Er stammte aus Betsaida in → Galiläa. Als er eines Tages → Jesus kennenlernte, war er so begeistert, dass er alles verließ und mit ihm ging. Furchtlos und unerschrocken verkündete er das Evangelium. Der römische Kaiser Nero ließ ihn (wahrscheinlich um 65 n. Chr.) verhaften und wie Jesus kreuzigen. Über seinem Grab im Petersdom ist das Wort Jesu zu lesen: „Du bist Petrus, der Fels, und auf diesen Felsen will ich meine Kirche bauen" (Matthäus 16,18). Dargestellt wird Petrus als → Apostel oder → Papst mit den Attributen Schlüssel, Stab, Buch, Fisch, Kreuz oder Hahn. Petrus ist

der Patron Roms, vor allem des Vatikanstaates, wie auch der Stadt und Diözese Osnabrück. Besonderer Fürsprecher ist er den Berufsständen der Fischer, Schlosser und Schreiner. Petrus gilt auch als Wetterherr: Petrus „macht" gutes Wetter. Sein Fest wird gemeinsam mit → Paulus am 29. Juni gefeiert und ist seit dem 4. Jahrhundert bezeugt.

Pfarrei

Die Pfarrei oder Pfarrgemeinde ist eine Gemeinschaft von Christen, die auf einem örtlich eingegrenzten Bezirk eines → Bistums zusammenleben, miteinander Gottesdienst feiern und einander helfen, den Weg zu Gott zu gehen. An der Spitze der Pfarrei steht der → Pfarrer, der vom → Bischof für sein Amt bestellt wird. Viele arbeiten mit dem Pfarrer zusammen: der Kaplan oder Vikar, der Diakon, der Gemeindereferent/die Gemeindereferentin, der Pfarrgemeinderat, der Organist, der Jugendleiter, die Kindererzieherin und viele andere. Jeder bringt seine Gaben und Fähigkeiten ein und hilft mit, die Pfarrei zu einem Ort zu machen, wo Kirche täglich konkret erfahren wird.

Pfarrer

Pfarrer heißt ein Priester, der im Auftrag und Namen des Bischofs eine bestimmte → Pfarrei des Bistums als Seelsorger leitet. Mancherorts wird der Pfarrer auch Pastor genannt. Das ist ein lateinisches Wort und bedeutet übersetzt „Hirte".

Pfingsten

Pfingsten (griech. pentecoste = 50. Tag) ist das Fest des Heiligen Geistes und eines der großen christlichen Feste. Es wird fünfzig Tage nach → Ostern gefeiert. Das Fest erinnert daran, dass Jesus seinen Freunden die Kraft Gottes schickte – den → Heiligen Geist. Die Bibel erzählt uns, was beim ersten Pfingstfest geschah: Die Begleiter und Begleiterinnen Jesu waren in → Jerusalem zu einem Fest versammelt. Plötzlich erfüllte ein heftiger Sturm das ganze Haus, in dem sie waren. Sie spürten den Geist Gottes und begannen, in verschiedenen Sprachen von Jesus und Gott zu reden. Es war wie ein Wunder. Menschen aus vielen Ländern verstanden die frohe Botschaft von Jesus (Apostelgeschichte 2,1-15). Am Pfingstfest trägt der

→ Priester beim Gottesdienst ein rotes Messgewand. Rot ist in der Kirche die Farbe des Heiligen Geistes. Wir bitten um den Geist Gottes und beten: „Komm, o Geist der Heiligkeit, aus des Himmels Herrlichkeit." Pfingsten, das seit dem 3./4. Jahrhundert als eigenständiges Fest gefeiert wird, ist der „Geburtstag" der Kirche.

Pharisäer

Die Pharisäer waren eine streng gesetzestreue Gruppe von Juden zur Zeit Jesu. Obwohl sie Laien (Nichtpriester) waren, befolgten sie genau die Gebote der → Tora und achteten streng auf die vielen Reinheitsvorschriften und Bestimmungen zum Sabbatgebot. Die Pharisäer gehörten zu den Kritikern Jesu. Da sie im → Hohen Rat eine starke Gruppe bildeten, beschlossen sie mit den Ältesten und Hohenpriestern das Todesurteil über → Jesus (Markus 14,53-65).

Pilatus, Pontius

Pontius Pilatus war von 26–36 n. Chr. der Statthalter des römischen Kaisers in → Jerusalem (Lukas 3,1). Er galt als ein besonders rücksichtsloser

und grausamer Herrscher, der ohne Skrupel gegen die Juden vorging (Lukas 13,1). Als oberster Richter von Judäa verurteilte er Jesus auf Drängen des → Hohen Rates und des Volkes zum Tode. Er gab nach dem Markusevangelium den Befehl, „Jesus zu geißeln und zu kreuzigen" (15,15), obwohl er von seiner Unschuld überzeugt war.

Pontifikalamt

Das Pontifikalamt ist der festliche Gottesdienst des Bischofs (lat. pontifex = Brückenbauer) mit dem Kirchenvolk. Bei diesem Gottesdienst konzelebrieren in der Regel weitere Priester mit dem Bischof (→ Konzelebration).

Präfation

Die Präfation ist das Lobgebet zu Beginn des eucharistischen Hochgebets in der heiligen → Messe. Es beginnt mit den Worten: „In Wahrheit ist es würdig und recht, dir, Herr, heiliger Vater, immer und überall zu danken durch deinen geliebten Sohn Jesus Christus." In der Präfation erinnern wir uns an die großen Taten, die Gott für die

Menschen vollbracht hat. Sie mündet ein in das → Sanctus (Heilig, heilig, heilig), das von Priester und Gemeinde gemeinsam gebetet (gesungen) wird.

Predigt

Die Predigt (lat. praedicare = laut verkünden) ist eine Ansprache, die der Priester im sonntäglichen Gottesdienst nach dem Evangelium an die Gläubigen richtet. Darin erklärt er ihnen die Worte aus der → Bibel und macht deutlich, was daraus für ihr Leben wichtig ist. Während der Predigt (auch Homilie genannt) sitzen die Gottesdienstbesucher, weil sie auf diese Weise besser und aufmerksamer zuhören können. Neben der Predigt in der Eucharistiefeier gibt es während des Jahres sogenannte thematische Predigten zu besonderen Gelegenheiten, zum Beispiel die Fastenpredigt oder die Jahresabschlusspredigt.

Priester

Der Priester (griech. presbyteros = Ältester) ist eine von Gott gerufene und vom → Bischof geweihte Person, die die Aufgabe hat, auf besondere Weise von der Botschaft des Evangeliums und der Liebe Gottes Zeugnis abzulegen. Er steht der Eucharistiefeier vor und spricht über Brot und Wein die gleichen Worte wie Jesus im Abendmahlssaal (→ Abendmahl, letztes). Er verkündet das Wort Gottes, spendet die Sakramente und sorgt für die Einheit und das seelische Wohl seiner Gemeinde. Der Priester lebt zölibatär (ohne Frau) und verpflichtet sich, niemals zu heiraten. Durch seine Lebensweise sollte er zeigen, dass die Entscheidung für Gott einen Menschen sehr glücklich machen kann.

Priesterweihe

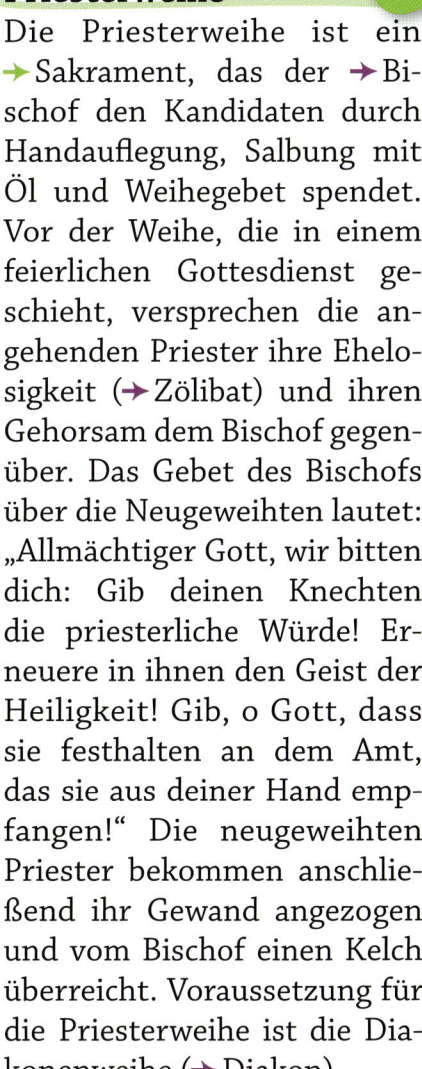

Die Priesterweihe ist ein → Sakrament, das der → Bischof den Kandidaten durch Handauflegung, Salbung mit Öl und Weihegebet spendet. Vor der Weihe, die in einem feierlichen Gottesdienst geschieht, versprechen die angehenden Priester ihre Ehelosigkeit (→ Zölibat) und ihren Gehorsam dem Bischof gegenüber. Das Gebet des Bischofs über die Neugeweihten lautet: „Allmächtiger Gott, wir bitten dich: Gib deinen Knechten die priesterliche Würde! Erneuere in ihnen den Geist der Heiligkeit! Gib, o Gott, dass sie festhalten an dem Amt, das sie aus deiner Hand empfangen!" Die neugeweihten Priester bekommen anschließend ihr Gewand angezogen und vom Bischof einen Kelch überreicht. Voraussetzung für die Priesterweihe ist die Diakonenweihe (→ Diakon).

Primiz

Primiz – abgeleitet von dem lateinischen Wort primus = der Erste – bezeichnet die erste heilige → Messe eines Priesters nach seiner Weihe. Er feiert sie in der Regel mit seiner Heimatgemeinde. Am Ende des meist sehr feierlichen Gottesdienstes spendet der Neupriester den „Primizsegen", der von den versammelten Gläubigen besonders geschätzt wird.

Profess

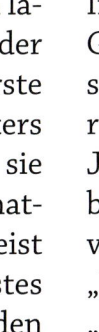

Die Profess (lat. professio = öffentliche Erklärung) ist das feierliche Versprechen eines erwachsenen Christen, in einer klösterlichen Gemeinschaft zu leben und dort mit Gleichgesinnten → Jesus zu dienen und nachzufolgen (→ Ordensleute). Bei der Feier der Ordensprofess legen die Männer bzw. Frauen die Gelübde der Armut, der Ehelosigkeit und des Gehorsams ab.

Propheten

Propheten (griech. = an Stelle von jemandem sprechen) sind in vielen Religionen Verkünder des göttlichen Willens. Vor allem verurteilen sie ungerechtes Verhalten gegenüber den Armen und Schwachen. Im Alten Testament sandte Gott sie zu den Israeliten, um sie zum rechten Glauben zurückzubringen, zum Beispiel Jesaja oder Nehemia. Die Bibel berichtet ausführlich von vier „großen" und von zwölf „kleinen" Propheten. Zu den „großen" gehören → Jesaja, → Jeremia, → Ezechiel und → Daniel, zu den „kleinen" u. a. Hosea, Amos, Zenfanja oder Maleachi.

Protestantische Kirche

Im Jahr 1517 entstand die protestantische (evangelische) Kirche. Der Augustinermönch Martin → Luther (1483–1546) konnte sich mit einigen Standpunkten der katholischen Kirche nicht mehr abfinden und protestierte dagegen. Er hängte eine Liste mit 95 Thesen (einige Quellen sagen, es seien 99 gewesen) an die Tür der Schlosskirche von Wittenberg (Sachsen-Anhalt). Der Protestantismus war geboren. Heute gibt es hunderte protestantische Kirchen, die alle ihren eigenen Schwerpunkt setzen. Typisch für den Protestantismus ist im Allgemeinen die große Rolle, die der Heiligen Schrift zugesprochen wird.

Prozession

Die Prozession (lat. procedere = voranschreiten) ist ein feierlicher liturgischer Umgang oder Umzug mit Gebet und Gesang, den Priester, Ministranten und Gemeinde in der Kirche oder durch die Straßen und Felder machen. Sie findet zu bestimmten religiösen Festen und Anlässen statt, zum Beispiel am Fest der → Darstellung des Herrn (Lichtmess), am → Palmsonntag oder an den → Bitttagen (drei Tage vor Christi Himmelfahrt). Besonders festlich gestaltet ist vielerorts die Prozession an → Fronleichnam. Die Prozession ist ein Symbol für den christlichen Lebensweg: Wir sind gemeinsam unterwegs zu unserem eigentlichen Ziel. Und dieses Ziel heißt → Gott.

Psalmen

Im alttestamentlichen Buch der Psalmen sind 150 Lieder und Gedichte aufgeschrieben, in denen Menschen mit Gott gesprochen haben. Sie haben sich schon vor 3000 Jahren mit ihren Ängsten und Sorgen, mit ihren Zweifeln und ihrem Kummer, mit ihrer Trauer und Freude an Gott gewandt. Viele dieser Gebete, dieser Psalmen, hat König → David verfasst. Man spürt, das David und die Menschen in Israel eng mit Gott verbunden waren. Wenn wir diese alten Worte lesen und nachbeten, können sie uns auch heute helfen, zu Gott zu sprechen, ihn zu loben, ihm zu danken und ihn um Hilfe zu bitten. Das katholische Gebet- und Gesangbuch „Gotteslob" enthält eine reiche Auswahl der Psalmen – zum Gebrauch im → Gottesdienst, aber auch für das persönliche → Beten.

Rabbi

Rabbi heißt wörtlich „mein Herr". Es ist die respektvolle Anrede für einen jüdischen Schriftgelehrten. Die Anrede wird besonders vom Schüler gegenüber dem Lehrer gebraucht. „Rab" in der Bedeutung von „Lehrer" ist schon in vorchristlicher Zeit üblich. Im Neuen Testament kommt die Bezeichnung „Rabbi" nur in den Evangelien vor. → Jesus wird von seinen Jüngern und vom Volk so angeredet und er bestätigt, dass ihm diese Anrede zukommt (Johannes 23,8). Weil er allein der wahre Lehrer ist, sollen seine → Jünger sich nicht Rabbi nennen lassen (Matthäus 23,8). Später tritt in den Evangelien die Anrede Rabbi zurück. An ihre Stelle tritt „Kyrie" (→ Kyrios) = „Herr", denn die Christen sind sich bewusst, dass Jesus nicht Lehrer im jüdischen Sinn, sondern Herr derer ist, die zu ihm gehören.

Rafael

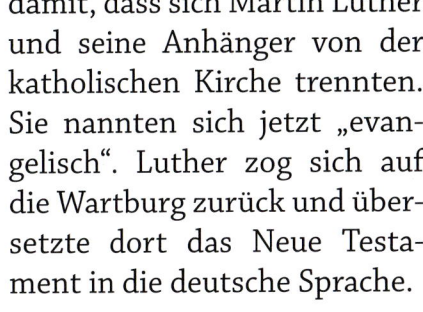

Der Erzengel Rafael (hebr. = Gott heilt) begegnet uns im alttestamentlichen Buch Tobit in der Geschichte des Tobias. Er begleitet den jungen Tobias auf seinem gefahrvollen Weg und schützt ihn unterwegs und am Ziel. Rafael hilft Tobias, die richtige Frau zu finden und trägt dazu bei, dass bei der Heimkehr des Tobias dessen blinder Vater Tobit geheilt wird. Seine Aufgabe als Reisegefährte und Wegbegleiter des Tobias ließ Rafael zum Patron der Reisenden werden. Das Fest des Erzengels feiert die Kirche (zusammen mit → Michael und → Gabriel) am 29. September.

Reich Gottes

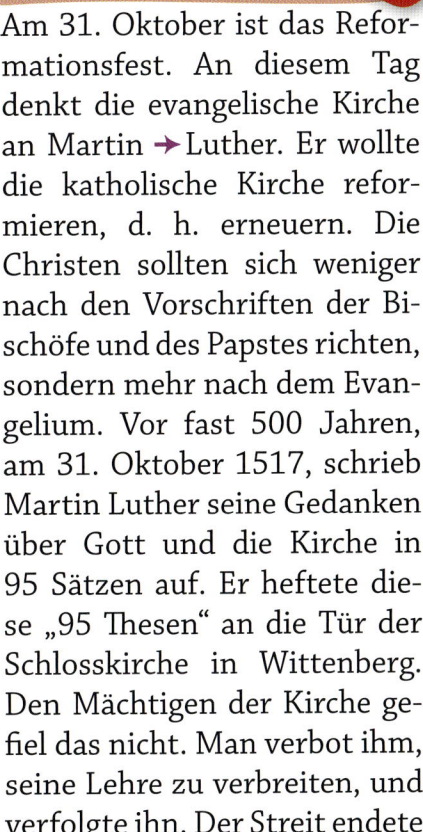

In vielen Geschichten der Bibel (z. B. Markus 4,1-34) hören wir, dass → Jesus von dem Reich Gottes spricht. Damit meint er keinen bestimmten Ort, etwa ein Land oder ein Königreich. Vielmehr ist das Reich Gottes mitten unter uns Menschen. Gottes Reich ist da, wo Menschen einander lieben, so wie Gott die Menschen liebt. Es ist dort, wo wir wie gute Freunde miteinander umgehen, wo wir dem anderen gönnen, was ihm

gehört, und andere Menschen und ihre Meinungen achten. Wir können es auch so sagen: Das Reich Gottes ist dort anzutreffen, wo Gott unter den Menschen wohnt. Gott ist nicht unendlich weit von uns entfernt. Er ist nicht irgendwo im weiten Weltraum anzutreffen. Gott ist in den Herzen der Menschen zu Hause. Im → Vaterunser beten die Christen, dass Gottes Reich sich immer mehr auf Erden ausbreite.

Reformationsfest

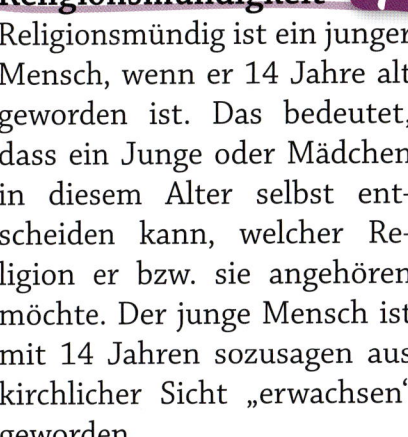

Am 31. Oktober ist das Reformationsfest. An diesem Tag denkt die evangelische Kirche an Martin → Luther. Er wollte die katholische Kirche reformieren, d. h. erneuern. Die Christen sollten sich weniger nach den Vorschriften der Bischöfe und des Papstes richten, sondern mehr nach dem Evangelium. Vor fast 500 Jahren, am 31. Oktober 1517, schrieb Martin Luther seine Gedanken über Gott und die Kirche in 95 Sätzen auf. Er heftete diese „95 Thesen" an die Tür der Schlosskirche in Wittenberg. Den Mächtigen der Kirche gefiel das nicht. Man verbot ihm, seine Lehre zu verbreiten, und verfolgte ihn. Der Streit endete

damit, dass sich Martin Luther und seine Anhänger von der katholischen Kirche trennten. Sie nannten sich jetzt „evangelisch". Luther zog sich auf die Wartburg zurück und übersetzte dort das Neue Testament in die deutsche Sprache.

Religionsmündigkeit

Religionsmündig ist ein junger Mensch, wenn er 14 Jahre alt geworden ist. Das bedeutet, dass ein Junge oder Mädchen in diesem Alter selbst entscheiden kann, welcher Religion er bzw. sie angehören möchte. Der junge Mensch ist mit 14 Jahren sozusagen aus kirchlicher Sicht „erwachsen" geworden.

Reliquien

Reliquien (lat. reliquiae = Überbleibsel) sind die sterblichen Überreste, aber auch Kleider, Gebrauchsgegenstände oder andere Erinnerungsstücke eines → Heiligen. Sie werden mit Ehrfurcht behandelt und nach frühmittelalterlichem Brauch im Altarfuß (nicht mehr wie früher in der Altarplatte) beigesetzt. Reliquien werden auch oftmals in kostbaren Behältern (Reliquiare) zur Schau gestellt und von den Gläubigen verehrt (niemals aber angebetet). Vor allem im Mittelalter hatte die Reliquienverehrung oft ungute Auswüchse. Echte oder als echt behauptete Reliquien wurden Sammelobjekte reicher Herrscher oder Klöster. Heute sammelt mancher mit der gleichen Leidenschaft Souvenirs oder Autogramme von beliebten Sängern, Schauspielern oder Fußballstars.

Requiem

Requiem (lat. requies = Ruhe) ist die Eucharistiefeier für die oder für einen Verstorbenen. Sie ist der Mittelpunkt des christlichen Begräbnisses. Der Name „Requiem" ist genommen von den Anfangsbuchstaben des Eingangsverses: „Requiem aeternam ... Ewige Ruhe schenke ihnen (ihm), o Herr."

R. I. P.

R. I. P. ist die Abkürzung des lateinischen Satzes „requiescat in pace" auf vielen Grabsteinen. Das heißt übersetzt: „Er möge ruhen in Frieden". So lautet der Segenswunsch für unsere verstorbenen Verwandten und Freunde auf dem → Friedhof.

Rituale

Das Ritual (lat. ritus = heiliger Brauch) ist ein liturgisches Buch, das für die Spendung der Sakramente die jeweils entsprechenden Gebete enthält.

Ritus

Ritus (lat. ritus = heiliger Brauch) meint die bewährte Art und Weise, einen Gottesdienst zu feiern. Mit diesem Wort werden auch die dabei vollzogenen Gebärden und Zeichen bezeichnet. Schließlich wird der Begriff Ritus auf die gesamte Lebensordnung einer christlichen Kirche angewandt: der römische Ritus, der byzantinische Ritus, der koptische Ritus, der syrische Ritus u. a.

Rom

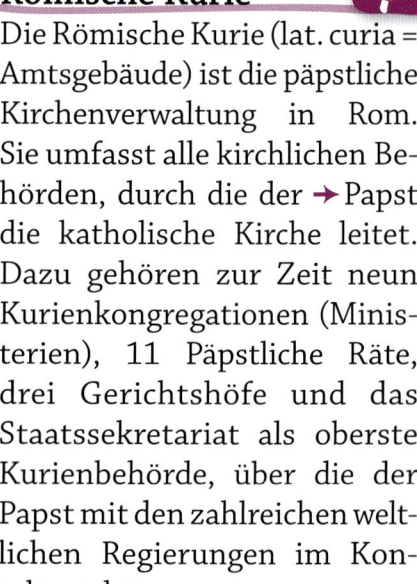

Rom ist die heutige Hauptstadt Italiens mit ca. 2,65 Millionen Einwohnern. Sie ist eine der ältesten und bedeutendsten Städte der Welt. Als Hauptstadt des nach ihr benannten Römischen Reiches beherrschte sie den gesamten Mittelmeerraum zwischen 50 v. Chr. und 400 n. Chr. In Rom bildete sich schon wenige Jahre nach Jesu Tod und Auferste-

hung eine christliche Gemeinde. Im Laufe der Jahrhunderte ist Rom zum geistigen Mittelpunkt des Christentums geworden. Der berühmteste Einwohner der Stadt ist der → Papst, das Oberhaupt der katholischen Kirche.

Römische Kurie

Die Römische Kurie (lat. curia = Amtsgebäude) ist die päpstliche Kirchenverwaltung in Rom. Sie umfasst alle kirchlichen Behörden, durch die der → Papst die katholische Kirche leitet. Dazu gehören zur Zeit neun Kurienkongregationen (Ministerien), 11 Päpstliche Räte, drei Gerichtshöfe und das Staatssekretariat als oberste Kurienbehörde, über die der Papst mit den zahlreichen weltlichen Regierungen im Kontakt steht.

Rorate-Messen

Rorate-Messen sind spezielle Gottesdienste in der Adventszeit. Sie werden sehr früh und meist nur bei Kerzenlicht gefeiert. „Rorate" bedeutet übersetzt „Tauet" und stammt vom Eröffnungsgesang „Tauet, ihr Himmel, von oben", in dem die Christen ihre große Sehnsucht nach Gottes Kommen in die Welt zum Ausdruck bringen.

Rosenkranz

Der Rosenkranz ist eine Gebetsschnur, auf der viele Perlen aufgereiht sind, mit denen unter den Augen der Gottesmutter → Maria der Lebensweg Jesu betrachtet wird. Ein Rosenkranz hat fünf „Gesätze" (Gebetsabschnitte) mit je einem Vaterunser, zehn „Ave-Maria" und einem „Ehre sei dem Vater". In jedes „Ave-Maria" wird ein Geheimnis aus dem Leben Jesu eingefügt. Es gibt fünf freudenreiche, fünf schmerzhafte, fünf glorreiche und fünf lichtreiche Geheimnisse. Wahrscheinlich

waren es Mönche, die den Rosenkranz schon vor über 400 Jahren gebetet haben.

Sakrament(e)

Sakramente sind Zeichen der Freundschaft und der Verbundenheit mit → Gott. Gott macht uns mit diesen Zeichen deutlich, dass er uns lieb hat – und das ganz besonders an den wichtigen Stationen unseres Lebens. In der katholischen Kirche kennen wir sieben Sakramente: Taufe, Buße (Versöhnung), Eucharistie, Firmung, Ehe, Priesterweihe und Krankensalbung. In der evangelischen Kirche werden Taufe und Abendmahl als Sakramente gefeiert. „Sakramente sind Einbruch Gottes in diese Welt", sagt Alfred Delp. Das heißt: Gott sucht die Nähe des Menschen und beschenkt ihn mit einer besonderen Gnadengabe.

Sakramentaler Segen

Unter einem sakramentalen Segen versteht man die Segnung der Gläubigen mit dem eucharistischen Brot in der → Monstranz. Dieser Segen ist oft der Höhepunkt und Abschluss einer Andacht oder Anbetungsstunde in einer Gemeinde.

Sakramentalien

Sakramentalien sind sakramentenähnliche Zeichen und Handlungen der Kirche, die Gottes Liebe und Nähe zu den Menschen sichtbar machen. Zu ihnen gehören in erster Linie die Segnungen von Personen (Ordensleute, Lektoren), Gegenständen (Palmzweige, Kerzen), Orten (Friedhöfe, Heiligtümer) oder Mahlzeiten. Sakramentalien gehören nicht zu den Sakramenten (→ Sakramente). Sie sind von der Kirche eingesetzt und wirken durch deren Fürbitte.

Sakristei

Die Sakristei ist jener Raum in der Kirche, in dem sich alle vorbereiten, die an der Gestaltung des Gottesdienstes beteiligt sind: Priester und Diakon, Lektor/in, Kommuni-

onspender/in, Organist/in und die Ministrantinnen und Ministranten. Im Wort „Sakristei" steckt das lateinische Wort „sacer", das „heilig" bedeutet. In der Sakristei befinden sich die Gegenstände, die für die heiligen Handlungen des Gottesdienstes gebraucht werden. Dazu zählen Gewänder, Bücher, Kelche, Hostien, Wein, Kerzen und Mikrofone. Oft gibt es in der Sakristei einen Tresor für besonders wertvolle Gegenstände und für die Kollekte.

Sales, Franz von

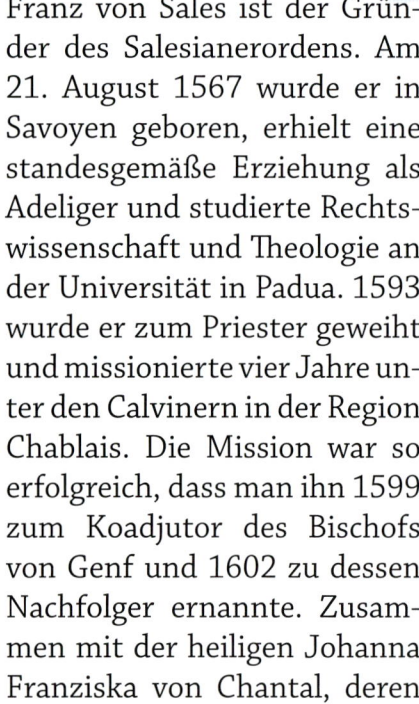

Franz von Sales ist der Gründer des Salesianerordens. Am 21. August 1567 wurde er in Savoyen geboren, erhielt eine standesgemäße Erziehung als Adeliger und studierte Rechtswissenschaft und Theologie an der Universität in Padua. 1593 wurde er zum Priester geweiht und missionierte vier Jahre unter den Calvinern in der Region Chablais. Die Mission war so erfolgreich, dass man ihn 1599 zum Koadjutor des Bischofs von Genf und 1602 zu dessen Nachfolger ernannte. Zusammen mit der heiligen Johanna Franziska von Chantal, deren Seelenführer er war, gründete er 1610 den Schwesternor-

den „von der Heimsuchung Mariä" (Salesianerinnen), der sich den Werken der Nächstenliebe verpflichtete. Auf einer Reise überraschte ihn 1622 in Lyon der Tod. 1877 wurde er für seine literarische Tätigkeit (Hauptwerk „Philothea", 1608) zum Kirchenlehrer erhoben. Sein Festtag ist am 24. Januar.

Salomo

Salomo (hebr. = Friedlicher) war der Sohn von König → David und Batseba und der dritte König über das Volk → Israel (ca. 970–930 v. Chr.). Da es während seiner Regierungszeit keine Kriege gab, vermehrte er Wohlstand und Ansehen des gesamten Reiches. In → Jerusalem baute er den ersten → Tempel und einen herrlichen Königspalast (1 Könige 5,15–7,51). Bekannt war Salomo für seine Weisheit und sein Wissen. In der Bibel gilt er als Verfasser des Buches der Sprichwörter, des Buches Kohelet und des Hohenliedes. Seine vielen fremdländischen Frauen verführten ihn im Alter zum Götzendienst. Gleich nach seinem Tod zerfiel das Reich unter seinem Nachfolger in das Nordreich → Israel und in das Südreich → Juda (1 Könige 11,9-13).

Samaria

Samaria (unter Herodes: Sebaste) war eine Stadt im Land Samarien. Sie lag auf einer Höhe in fruchtbarem Hügelland, etwa 60 km nördlich von → Jerusalem entfernt. Als nach dem Tod König → Salomos das Reich geteilt wurde, wurde Samaria die Hauptstadt des Nordreiches → Israel.

Samariter

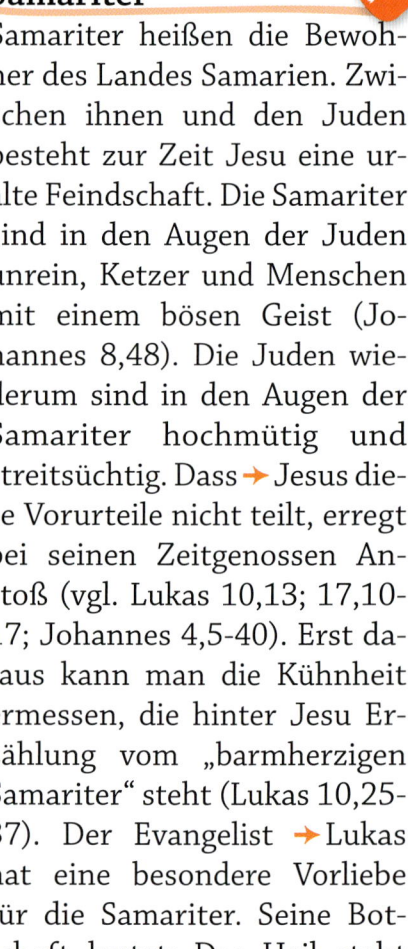

Samariter heißen die Bewohner des Landes Samarien. Zwischen ihnen und den Juden besteht zur Zeit Jesu eine uralte Feindschaft. Die Samariter sind in den Augen der Juden unrein, Ketzer und Menschen mit einem bösen Geist (Johannes 8,48). Die Juden wiederum sind in den Augen der Samariter hochmütig und streitsüchtig. Dass → Jesus diese Vorurteile nicht teilt, erregt bei seinen Zeitgenossen Anstoß (vgl. Lukas 10,13; 17,10-17; Johannes 4,5-40). Erst daraus kann man die Kühnheit ermessen, die hinter Jesu Erzählung vom „barmherzigen Samariter" steht (Lukas 10,25-37). Der Evangelist → Lukas hat eine besondere Vorliebe für die Samariter. Seine Botschaft lautet: Das Heil steht allen offen: Juden, Samaritern und Heiden – allein durch den Glauben an Jesus Christus.

Sanctus

Im Sanctus (lat. = heilig), einem Gebet (Lied) zu Beginn des Hochgebets in der heiligen Messe, fordert der ➜ Priester die Gemeinde auf, ➜ Gott zu loben und zu preisen. Es lautet: „Heilig, heilig, heilig Gott, Herr aller Mächte und Gewalten. Erfüllt sind Himmel und Erde von deiner Herrlichkeit. Hosanna in der Höhe. Hochgelobt sei, der da kommt im Namen des Herrn. Hosanna in der Höhe." Der Text lehnt sich an den Lobgesang der Engel vor dem Throne Gottes an (Offenbarung des Johannes 4,8).

Satan ➜ Teufel

Saulus ➜ Paulus

Schaf

Das Schaf ist eines der ersten Tiere, die in der Bibel erwähnt werden: „Adam und Eva hatten zwei Söhne: Kain und Abel. Abel wurde ein Schafhirt, Kain ein Ackerbauer. Auf den Feldern Kains wuchs viel Korn. Davon brachte er Gott ein Opfer. Abel opferte von seinen Lämmern. Gott gefiel das Opfer des Abel. Auf das Opfer von Kain achtete er nicht. Da wurde Kain zornig und böse" (nach Genesis 4,2-5). Die Bedeutung des Schafes für den Menschen wird in der Bibel immer wieder betont, besonders auch in den ➜ Evangelien. Bereits bei der Geburt Jesu spielen Schafe und Hirten eine Rolle: Die Hirten auf dem Feld, die in der Nacht ihre Schafherde bewachen, sind die Ersten, die von der Geburt Jesu erfahren (vgl. Lukas 2,1-20). ➜ Jesus sorgt sich um jedes einzelne verirrte Schaf und setzt dafür sogar sein Leben aufs Spiel (vgl. Johannes 10,11-18). Dabei dient das Schaf oft zugleich als Bild für den Menschen, um den sich Jesus kümmert wie ein Hirt um seine Tiere (➜ Hirte, der gute).

Schellen

Schellen sind kleine Glöckchen für die Ministranten. Sie werden mit der Hand während des eucharistischen Hochgebets (➜ Hochgebet, eucharistisches) oder beim Segen mit der ➜ Monstranz geläutet, um die Aufmerksamkeit der Gottesdienstbesucher auf das heilige Geschehen zu lenken.

Schöpfung

Gott schuf die Welt und alles Leben auf ihr. Er hat nicht nur Sonne, Mond und Sterne gemacht, sondern auch dafür gesorgt, dass Pflanzen und Tiere die Erde bevölkern. Zuletzt schenkte Gott den Menschen – Mann und Frau – das Leben. Dies alles steht im ersten Buch der Bibel (Genesis 1,1–2,3)

beschrieben, das wahrscheinlich im 6. Jahrhundert v. Chr. verfasst wurde. Unsere Erde ist so wunderschön, dass wir uns jeden Tag darüber freuen dürfen. Gott hat zu den ersten Menschen gesagt: „Ich schenke euch alles, was ich gemacht habe. Ihr sollt euch darum kümmern und behutsam damit umgehen" (Genesis 1,26-27). Diesen Auftrag dürfen auch wir erfüllen. Wir sollen Gottes Schöpfung achten und alles Leben schützen. Dann haben auch die Menschen, die nach uns leben, noch etwas von diesem Geschenk.

Schuld → Sünde

Schutzengel

Jeder Mensch hat einen Schutzengel: einen Begleiter, der immer bei ihm ist und ihm in Not und Gefahr beisteht. Im Psalm 91 heißt es: „Gott befiehlt seinen Engeln, dich zu behüten auf all deinen Wegen. Sie tragen dich auf ihren Händen, damit dein Fuß nicht an einen Stein stößt" (Vers 11). Die Bibel gebraucht nicht das Wort Schutzengel, aber sie berichtet öfters von Engeln, die den Menschen helfen: Ein Engel beschützt die

Israeliten auf ihrer Flucht aus Ägypten, ein Engel gibt dem Propheten → Elija zu essen, ein Engel begleitet Tobias auf einer gefährlichen Reise, ein Engel hilft → Daniel in der Löwengrube, ein Engel befreit → Petrus aus dem Gefängnis. All diese Engel hat Gott geschickt, um Gutes für die Menschen zu tun. Schon viele Menschen haben von ihrem Schutzengel Trost und Hilfe erfahren. Der Dichter Clemens Brentano hat einmal gesagt: „Von allen Gefährten, die mich begleiteten, ist mir keiner so treu geblieben wie der Schutzengel."

Schutz, Roger

Roger Schutz (1915–2005), ein reformierter Schweizer Theologe mit dem Ordensnamen Frère Roger, ist der Gründer der Kommunität von Taizé. Er kümmerte sich besonders um Verfolgte und Kinder sowie um eine Verständigung unter den christlichen Konfessionen. 1974 bekam er den Friedenspreis des Deutschen Buchhandels, 1989 den Karlspreis. Bekannt sind heute vor allem die Jugendwochen, bei denen Tausende von Jugendlichen aus ganz Europa mit den Brüdern der Gemeinschaft in Taizé zusammenleben.

Schweitzer, Albert

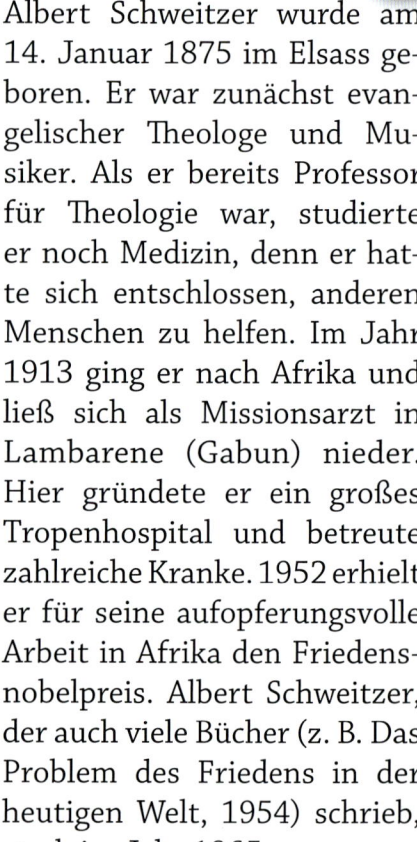

Albert Schweitzer wurde am 14. Januar 1875 im Elsass geboren. Er war zunächst evangelischer Theologe und Musiker. Als er bereits Professor für Theologie war, studierte er noch Medizin, denn er hatte sich entschlossen, anderen Menschen zu helfen. Im Jahr 1913 ging er nach Afrika und ließ sich als Missionsarzt in Lambarene (Gabun) nieder. Hier gründete er ein großes Tropenhospital und betreute zahlreiche Kranke. 1952 erhielt er für seine aufopferungsvolle Arbeit in Afrika den Friedensnobelpreis. Albert Schweitzer, der auch viele Bücher (z. B. Das Problem des Friedens in der heutigen Welt, 1954) schrieb, starb im Jahr 1965.

Sebastian, heiliger

Der heilige Sebastian („der Erhabene") wird an einen Baumstumpf angebunden und von Pfeilen durchbohrt dargestellt. Er war ein römischer Offizier im 3. Jahrhundert, der sich öffentlich zum → Christentum bekannte und allen half, die an → Christus glaubten. Auf Befehl von Kaiser Diokletian wurde er zum Tod verurteilt und von Bogenschützen mit

Pfeilen getötet. Sebastian ist Helfer der Sterbenden und Patron gegen Seuchen. Das Fest des Heiligen feiert die Kirche am 20. Januar.

Sedilien

Sedilien (lat. sedile = Stuhl, Bank) sind Sitzgelegenheiten (Stühle, Hocker, Bänke) im Altarraum der Kirche. Sie sind für die am Gottesdienst beteiligten Personen (Priester, Diakon, Ministranten) bestimmt.

Seele

Die Seele ist nicht dasselbe wie das Herz, wie viele Menschen meinen. Sie ist kein Körperteil oder Organ, sondern meint den innersten Kern eines Menschen. Durch die Seele unterscheidet sich der Mensch von den Pflanzen und Tieren. Die Seele macht ihn zu einem freien Wesen, das denken und lieben, glauben und danken kann. Christen glauben, dass die Seele ein Geschenk Gottes ist, das er dem Menschen als seinem Abbild (Genesis 1,26) gemacht hat.

Segen

Segen (lat. signum = Zeichen) meint Wohlwollen als Gabe Gottes. Dieses Wohlwollen Gottes liegt über der → Schöpfung und umfasst alle Menschen. Der Segen meint die Zusage Gottes: „Ich bin mit dir, ich umgebe dich mit meiner Kraft." Wenn Menschen einander segnen, erbitten sie die Kraft Gottes für den Gesegneten. Manche Eltern segnen ihr Kind vor dem Schlafengehen und zeichnen ihm ein kleines Kreuz auf die Stirn. Am Schluss der heiligen Messe betet der → Priester für uns alle und segnet uns mit dem → Kreuzzeichen. Beim Segen lassen wir Gott ganz nah auf uns zukommen. Wir bitten ihn, immer bei uns zu sein und uns auf unserem Weg zu begleiten. Der Segnende kann dabei sprechen: „Es segne und behüte dich der allmächtige Gott, der Vater und der Sohn und der Heilige Geist." Einmal brachten Eltern ihre Kinder zu → Jesus, damit er sie segne und für sie bete. Die Jünger aber wiesen die Leute unfreundlich ab. Doch Jesus sagte: „Lasset die Kinder zu mir kommen und verbietet es ihnen nicht! Den Kindern gehört das Reich Gottes." Dann legte er ihnen die Hände auf den Kopf und segnete sie (Markus 10,13-16).

Seligpreisungen

Die Seligpreisungen bilden im Neuen Testament den ersten Teil der → Bergpredigt (Matthäus 5,3-12) bzw. der Feldrede (Lukas 6,20-23). Darin verspricht Jesus den Armen und Trauernden, den Bescheidenen und Barmherzigen, den Hungrigen und Durstigen, den Friedensstiftern und Verfolgten das Reich Gottes: „Freut euch und jubelt: Euer Lohn im Himmel wird groß sein" (Matthäus 5,12).

Silvester, heiliger

Silvester („der im Wald Lebende") war Papst (314–355) in der Zeit nach der Christenverfolgung. Er führte die Kirche nach langer Zeit der Unruhe und Bedrohung in eine Periode des Friedens hinein. Mit Hilfe des ersten christlichen Kaisers Konstantin errichtete er die erste Peterskirche in Rom. Nach Papst Silvester ist der letzte Tag des Jahres benannt.

Simon Petrus → Petrus

Sinai, Berg

Sinai nennt die Bibel einen großen Berg auf der Halbinsel Sinai, die zwischen Palästina und Ägypten liegt. Hier erschien Gott dem → Mose, übergab ihm die Gesetzestafeln mit den Zehn Geboten (→ Zehn Gebote) und schloss einen Bund mit dem Volk → Israel (Exodus 19–40). Der Berg Sinai trägt an anderer Stelle der Bibel den Namen „Horeb" (Deuteronomium 1,6).

Sodom und Gomorra

Sodom und Gomorra, zwei Städte am Toten Meer, will Gott wegen ihrer Gottlosigkeit und Sündhaftigkeit vernichten. Lot, ein Neffe → Abrahams, darf als einziger Gerechter mit Frau und Kindern die Stadt Sodom verlassen. Gott gebietet ihnen, sich auf der Flucht nicht umzudrehen oder stehen zu bleiben. Doch Lots Frau blickt zurück und erstarrt zur Salzsäule (Genesis 19,1-29). – Dieses biblische Geschehen verbirgt sich hinter unserer Redewendung „zur Salzsäule erstarren", wenn jemand vor Schreck wie starr stehen bleibt.

Sohn Davids

Mit der Bezeichnung „Sohn Davids" ist im Neuen Testament → Jesus gemeint. Er gilt als Nachkomme des großen Königs → David, der der ganze Stolz des Volkes → Israel war. Auch für den blinden Bettler Bartimäus, der an der Straße nach Jericho saß, war Jesus der → Messias, der Sohn Davids, als er ihm zurief: „Sohn Davids, hab Erbarmen mit mir!" (Markus 10,47).

Sohn Gottes

Jesus ist der Sohn Gottes. Er kommt direkt von Gott, ist Kind seines Vaters im Himmel. Durch den Heiligen Geist wurde die Jungfrau → Maria schwanger und brachte ihn als Kind zur Welt. Die Evangelisten Lukas und Matthäus erzählen, dass nicht → Josef es war, der Jesus mit Maria gezeugt hat: „Bevor sie zusammengekommen waren, zeigte sich, dass sie ein Kind erwartete" (Matthäus 1,18). Josef erfuhr im Traum durch einen Engel Gottes, dass Gott der Vater des Kindes seiner Verlobten war. Man kann sagen, dass Josef der „Adoptivvater" von Jesus war. Er nahm ihn auf Rat des Engels als sein Kind an, gab ihm am achten Tag nach der Geburt seinen Namen und zog ihn auf.

Sonntag

Der Sonntag, der erste Tag der Woche, ist ein besonderer Tag. Christen sagen: Der Sonntag ist der „Tag des Herrn". Sie erinnern sich daran, dass → Jesus an einem Sonntag von den Toten auferstanden ist, und kommen darum zusammen, um miteinander → Eucharistie zu feiern. In einem kleinen Kindergedicht heißt es: „Der Sonntag ist der Tag des Herrn, am Sonntag ruh und bete gern. Das ist der Tag, da Jesus Christ vom Tode auferstanden ist." Schon die ersten Generationen der Christen trafen sich am Sonntag zum gemeinsamen Hören auf Gottes Wort, zum gemeinsamen Beten und Singen und zum gemeinsamen Mahl (Apostelgeschichte 20,7).

Sprachverwirrung → Babel

Stall von Betlehem

Auf der Suche nach dem angekündigten „König der Juden" fanden die Sterndeuter aus dem Osten (→ Dreikönig) das neugeborene Kind nicht – wie sie vermutet hatten – in einen vornehmen Haus, sondern in einem ärmlichen Stall in → Betlehem. Hier lag der kleine → Jesus – in Windeln gewi-

ckelt – in einer Futterkrippe, aus der sonst die Tiere fraßen (Lukas 2,7). Frühen christlichen Überlieferungen zufolge könnte es auch eine Höhle gewesen sein, die als Stall genutzt wurde. Jesus war also das Kind armer Leute und deshalb kam er auch so „ärmlich" zur Welt. In seinem ganzen Leben blieb dann Jesus ein großer Freund aller armen Menschen.

Stein, Edith, heilige

Edith Stein wurde am 12. Oktober 1892 in Breslau (im heutigen Polen) als Kind jüdischer Eltern geboren. Sie studierte Philosophie. Nachdem sie sich viel mit → Theresia von Ávila beschäftigt hatte, konvertierte sie zum katholischen Glauben. 1932 ging sie nach Münster und hielt Vorträge über Frauenfragen und die Ausbildung von Mädchen. Am 14. Oktober 1933 trat sie dem Karmeliterorden bei und erhielt den Ordensnamen Tere-

sia Benedicta a Cruce (die vom Kreuz Gesegnete). Vor der Judenverfolgung der Nazis floh sie mit ihrer Schwester nach Holland ins Kloster in Echt. Am 7. August 1942 wurden die Geschwister von den Nazis verhaftet, nach Auschwitz gebracht und dort zwei Tage später ermordet. Im Oktober 1998 wurde Edith Stein von Papst Johannes Paul II. heiliggesprochen. Ihr Gedenktag ist der 9. August.

Stephanus, heiliger

Stephanus (griech. = „der Bekränzte") gehört zu den ganz berühmten Heiligen in der Kirche. Was wir von ihm wissen, hat der Evangelist Lukas in der Apostelgeschichte im 6. und 7. Kapitel aufgeschrieben. Der heilige Stephanus war Diakon (= Diener) in → Jerusalem. Er gehörte zu den sieben Männern, die den Aposteln bei ihrer Arbeit halfen. Er kümmerte sich um die Witwen und Armen und verkündete auf den Straßen die frohe Botschaft von → Jesus Christus. Dies ärgerte die Führer der Juden. Sie nahmen Stephanus fest, schleppten ihn vor Gericht und steinigten ihn auf einem Platz vor dem Stadttor. Stephanus war der

Erste, der für seinen Glauben an Christus getötet wurde. Die Kirche nennt ihn darum „Erzmärtyrer". Er ist ein Vorbild für alle, die für Christus ihr Leben hingeben. Am 26. Dezember ist sein Namenstag. In Österreich heißt der zweite Weihnachtstag auch „Stefanstag".

Sternsingen
→ Dreikönigssingen

Stern von Betlehem
Der Stern von Betlehem führte die Heiligen Drei Könige an die Krippe (Matthäus 2,9). Lange hat man gerätselt, was das wohl für eine Erscheinung war. Vielleicht ein großer Komet? Aber der wäre rasch verglüht. Astronomen und Historiker glauben, die Antwort gefunden zu haben: Es waren zwei Sterne, genauer zwei Planeten. Jupiter und Saturn standen bei der Geburt Jesu auf ihrer Umlaufbahn so eng beieinander, dass sie wie ein einziger, besonders heller Stern strahlten. Das geschieht nur alle 138 Jahre.

Stola
Die Stola ist das Amtszeichen eines Geistlichen. Sie ist eine

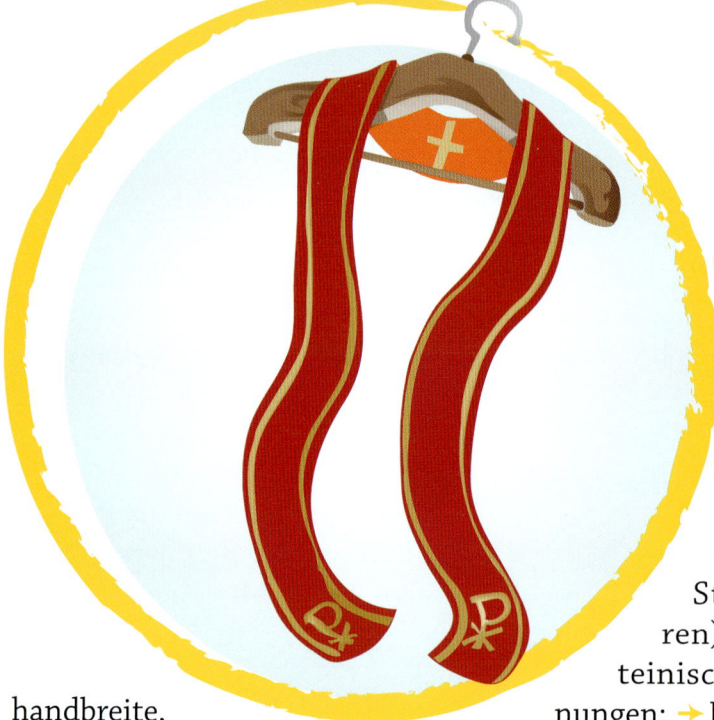

handbreite, lange Schärpe, die der Priester bei der Feier der heiligen Messe über oder unter dem Messgewand – in der entsprechenden liturgischen Farbe – trägt (→ Kleidung, liturgische). Während → Bischof und → Priester die Stola um den Hals legen, trägt der → Diakon die Stola quer über die linke Schulter.

Stundengebet
Stundengebet ist ein regelmäßiger Gebetsgottesdienst zu festgelegten Stunden. Es wird vor allem in Klöstern und von Priestern und Diakonen gebetet – gemäß der Weisung Jesu, allezeit zu wachen und zu beten, um für sein Kommen bereit zu sein (Lukas 21,36). Das Stundengebet besteht unter anderem aus Schriftlesungen, Psalmengesängen und Gebeten. Die festgelegten Stunden (Horen) tragen lateinische Bezeichnungen: → Laudes, Terz, Sext, Non, → Vesper, Komplet. Für das Stundengebet interessieren sich heute auch immer mehr Laien. Bei Tagungen, Treffen und Besinnungstagen wird es immer selbstverständlicher.

Sünde
Das Wort „Sünde" ist ein seltsames Wort. Es klingt ein bisschen nach alten Zeiten und wir benützen es ja sonst auch kaum. Aber das Wort steht überall in der Bibel und wir hören es auch immer wieder in der Kirche, in der Schule, im Kindergottesdienst. Eine Sünde besteht darin, dass ich etwas tue oder rede, was nicht in Ordnung ist. Es ist eine Sünde, wenn ich anderen Menschen

etwas sage, was nicht wahr ist, und das in voller Absicht. Es ist eine Sünde, wenn ich selbst viel zu essen habe und den Menschen nicht helfe, die hungern müssen. Es ist eine Sünde, wenn ich jemandem absichtlich wehtue oder ihm etwas wegnehme, ohne dass er mir etwas gemacht hat. Es gibt keinen Menschen, der nicht immer wieder mal sündigt. Jeder Mensch hat Fehler und jeder macht Fehler. Kein Mensch ist vollkommen. Wichtig ist nur, dass wir, wenn wir etwas falsch gemacht haben, den Mut haben, es zuzugeben; dass wir Gott sagen, dass es uns leidtut, was wir falsch gemacht haben. Wenn wir das tun, dann verzeiht uns Gott auch – auch unsere Sünden (→ Bußsakrament).

Synagoge

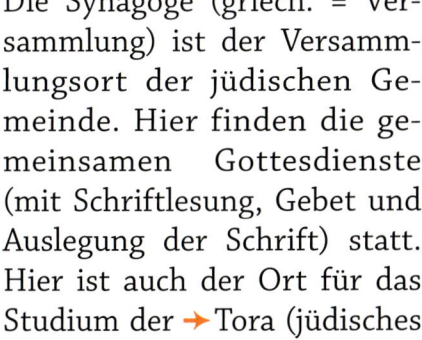

Die Synagoge (griech. = Versammlung) ist der Versammlungsort der jüdischen Gemeinde. Hier finden die gemeinsamen Gottesdienste (mit Schriftlesung, Gebet und Auslegung der Schrift) statt. Hier ist auch der Ort für das Studium der → Tora (jüdisches Gesetz), für Veranstaltungen und Feiern. Das Zentrum der Synagoge ist der Toraschrein, in dem die Gesetzesrollen aufbewahrt sind. Aus Ehrfurcht vor Gott haben die Männer in der Synagoge ihren Kopf mit der Kippa (kleine, runde Kopfbedeckung) bedeckt.

Synode

Das Wort Synode (griech. = Zusammenkunft) ist die Bezeichnung von Kirchenversammlungen in den christlichen Kirchen. Synoden dienen der Leitung und Verwaltung auf verschiedenen kirchlichen Ebenen. In den Jahren 1972 bis 1975 hat in der katholischen Kirche eine große Synode aller Bistümer der Bundesrepublik Deutschlands stattgefunden und eine Reihe wichtiger Beschlüsse gefasst. Die Mitglieder einer Synode (Geistliche und Laien) werden Synodale genannt.

Synoptische Evangelien

Als synoptische Evangelien bezeichnet man die drei Evangelien nach → Matthäus, → Markus und → Lukas, die wegen ihrer vielen Übereinstimmungen nebeneinander betrachtet werden können (Synopse = Zusammenschau). Die Übereinstimmungen betreffen den Aufbau, den Erzählstoff und die Wortwahl, was daran liegt, dass Matthäus und Lukas das Markusevangelium als Vorlage für ihre Evangelien benutzt haben. Das Johannesevangelium unterscheidet sich in Sprache, Inhalt und Verständnis wesentlich von den ersten drei Evangelien.

Tabernakel

In der Nähe des Altars befindet sich in der Kirche der Tabernakel. Das ist ein kostbarer kleiner Schrank. Er ist meist kunstvoll gestaltet und wertvoll verziert. Wenn der Priester die Tür des Tabernakels öffnet, sieht man einen Kelch oder eine Schale, in der das heilige Brot aufbewahrt wird. Das Wort Tabernakel kommt aus dem Lateinischen (tabernaculum) und heißt Zelt oder kleines Haus. Dies erinnert an das heilige Zelt der Israeliten. Sie hatten bei ihrem Zug durch die Wüste ein Zelt bei sich, das ihr Allerheiligstes, die Tafeln mit den Zehn Geboten, enthielt. Das war die Wohnung für

Gott. Er sollte immer in ihrer Mitte wohnen. Wenn wir am Tabernakel vorbeigehen, machen wir eine → Kniebeuge. So grüßen und ehren wir → Jesus. Wir danken ihm, dass er bei uns ist und sich uns im heiligen Brot schenkt.

Talar (Soutane)

Der Talar (oder die Soutane) ist ein knöchellanger, schwarzer Mantel, den die → Priester während des Gottesdienstes unter dem Rochett oder der Albe tragen (→ Kleidung, liturgische). Früher trugen die Priester auch außerhalb der Kirche einen Talar. Bischöfe tragen einen purpurroten, Kardinäle einen roten und der Papst einen weißen Talar.

Taube

Die Taube ist neben dem → Schaf ein häufig in der Bibel erwähntes Tier. Jesus spricht von der sprichwörtlichen Arglosigkeit der Tauben, wenn er sagt: „Seht, ich sende euch wie Schafe mitten unter die Wölfe; seid daher klug wie die Schlangen und arglos wie die Tauben!" (Matthäus 10,16).
Im Markusevangelium (1,10-11) erscheint der → Heilige Geist in Taubengestalt, als Jesus von Johannes im Jordan getauft wird: „Und als er aus dem Wasser stieg, sah er, dass der Himmel sich öffnete und der Geist wie eine Taube auf ihn herabkam. Und eine Stimme aus dem Himmel sprach: Du bist mein geliebter Sohn, an dir habe ich Gefallen bekommen."
Oft wird die Taube – neben dem Schaf oder der Ziege – als Opfertier erwähnt. Nach der Geburt Jesu opferte → Maria zwei Tauben (vgl. Lukas 2,24) und entsprach so der Weisung aus dem jüdischen Gesetz (vgl. Numeri 6,10).

Taufbrunnen

In jeder Kirche gibt es einen Taufbrunnen, eine Fünte (lat. fons = Quelle). Manchmal steht er in der Eingangshalle, manchmal in einer Seitenkapelle. Der Taufbrunnen ist meistens aus Stein, in den eine Schale zur Aufnahme des Taufwassers eingelassen ist, mitunter auch aus Metall. Das Taufwasser wird im Gottesdienst der Osternacht geweiht.

Taufe

Die Taufe ist das erste und wichtigste der sieben → Sakramente. Der Priester oder Diakon gießt Wasser über die Stirn des Täuflings und spricht dabei die Worte: „Ich taufe dich im Namen des Vaters und des Sohnes und des Heiligen Geistes." Wer getauft wird, tritt ein in die Gemeinschaft mit Gott und allen, die zu ihm gehören. Die Eltern und Paten versprechen bei der Taufe, dass sie den Täufling auf seinem Lebensweg begleiten wollen.

Das Sakrament der Taufe ist ein Geschehen, bei dem es viele Zeichen gibt: Das Taufwasser reinigt von allem, was uns von Gott trennt. Die Salbung mit Chrisam, einem wertvollen → Öl, sagt: Du bist so wichtig wie ein gesalbter König. Die Taufkerze erinnert an → Christus, das Licht der Welt. Das weiße Taufkleid ist ein Zeichen, dass der Mensch in der Taufe neu geschaffen wird.

Taufpate / Taufpatin

Der Taufpate und/oder die Taufpatin haben die Aufgabe, den Täufling auf seinem Glaubensweg zu unterstützen und zu begleiten. Voraussetzung ist, dass der Pate/die Patin die Reife des Glaubens und des Lebens haben, die für die Übernahme ihres Amtes notwendig ist. Erste Aufgabe der Paten ist nicht, wie manche meinen, dem Getauften regelmäßig große Geschenke zum Geburtstag und zu Weihnachten zu machen und ab und zu mal eine Postkarte zu schicken. Das ist zwar manchmal auch schön und wichtig, aber nicht die eigentliche Aufgabe der Paten. Entscheidend ist, dass die Paten dem getauften Kind das Christsein überzeugend vorle-

ben und mit den Eltern die Verantwortung für seine christliche Erziehung übernehmen.

Tempel

Der Tempel ist ein Gott geweihtes Haus, eine Gebetsstätte. Die Bibel berichtet, dass der erste Tempel zu → Jerusalem unter König → Salomo gebaut und von den Babyloniern zerstört wurde. Später wurde der zweite Tempel gebaut, der unter König → Herodes prunkvoll ausgestattet und erweitert wurde. Dieser zweite Tempel wurde 70 n. Chr. von den Römern zerstört. Von ihm ist heute nur noch die Westmauer erhalten, die von den Juden Klagemauer genannt wird.

Teufel

Auf Bildern wird der Teufel oder Satan meist in Schwarz und Rot dargestellt, mit Hörnern und einem langen Schwanz. In Wirklichkeit begegnet man einem solchen Teufel nicht. Aber man trifft immer wieder auf Menschen, sie sich „teuflisch" benehmen. Der Teufel ist ein Bild für die Macht des Bösen in der Welt, auch für das Böse in jedem Menschen. „In dir steckt der Teufel", sa-

gen Eltern manchmal zu ihrem Kind. Menschen können sich zwischen dem Guten und dem Bösen entscheiden. Da, wo sie Gott und einander lieben, schmilzt das Böse wie Schnee in der Sonne. Wer sich für die → Liebe – und damit für das Gute – entscheidet, macht den Teufel – das Böse in sich und in den anderen – machtlos.

Theresia von Ávila

Theresia wurde 1515 in Ávila (Spanien) als Tochter von Adligen geboren. Mit zwölf Jahren, nach dem Tod ihrer Mutter, widmete sie ihr Herz der Gottesmutter Maria. 1535 trat sie in den Karmeliterorden ein. Nach vielen Jahren der Krankheit legte sie 1560 das Gelübde ab, immer das Vollkommenere zu tun. Sie hatte viele Visionen und Christusbegegnungen, wodurch ihr Glaube immer stärker wurde. Theresia wollte den Karmeliterorden reformieren und gründete deshalb 1562 den Zweigorden der „unbeschuhten Karmelitinnen", einen Orden mit sehr strengen Klosterregeln. Sie starb 1582 auf einer ihrer vielen Reisen. Im Jahr 1622 wurde sie heiliggesprochen. Sie ist die Patronin von Spanien. Papst Paul II. ernannte Theresia am 27. September 1970 zur Kirchenlehrerin. Ihr Fest feiert die Kirche am 15. August.

Thomas (Apostel)

Thomas (aram. = Zwilling) war einer der zwölf → Jünger Jesu. Er wird auch als der „ungläubige Thomas" bezeichnet. Die Bibel erzählt folgende Geschichte über ihn: Als → Jesus nach der Auferstehung den Jüngern erschien, war Thomas nicht dabei. Die Jünger erzählten ihm davon. Da sagte Thomas: „Ich glaube nicht, dass Jesus lebt. Es sei denn, ich kann meine Finger in seine Wunden legen!" Bald darauf kam Jesus und sprach: „Thomas, lege deine Finger hierher und sieh meine Hände! Nimm deine Hand und lege sie in meine Seite! Und sei nicht ungläubig, sondern gläubig!" Da fiel Thomas auf die Knie und rief: „Mein Herr und mein Gott!" Jesus antwortete ihm: „Selig, die nicht sehen und doch glauben!" (Johannes 20,24-29). Das Fest des heiligen Thomas feiert die Kirche am 3. Juli.

Tod

Alles, was auf der Erde lebt, muss irgendwann sterben.

Die Pflanzen sterben, wenn sie welk werden und vertrocknen. Die Tiere sterben, wenn sie krank oder alt geworden sind. Und auch die Menschen sterben, wenn ihr Herz aufhört zu schlagen. Alles auf der Welt hat einen Anfang und ein Ende. Als Christen glauben wir, dass der Mensch nach dem Tod bei → Gott ein neues, anderes Leben bekommt. Die Bibel erzählt, dass Gott Jesus von den Toten auferweckt hat. Darauf vertrauen auch wir. Gott nimmt den Menschen zu sich und macht ihn für immer froh und glücklich. Wie das „ewige Leben" bei Gott genau aussieht, können wir nicht sagen. Doch wir wissen: Gott möchte mit uns zusammensein, auch nach unserem Tod. Das hat er uns durch → Jesus gesagt. Gottes Liebe kennt keine Zeit.

Tohu-wa-bohu

Tohu-wa-bohu ist ein hebräisches Wort und bedeutet „Durcheinander". Mit diesem Wort wird in der Bibel der Zustand der Erde beschrieben, nachdem → Gott sie zusammen mit dem Himmel am Anfang der Welt geschaffen hatte. Die Einheitsübersetzung wählt hierfür den deutschen Ausdruck „wüst und wirr" (Genesis 1,2). Der Begriff „tohu-wa-bohu" wird heute auch im übertragenen Sinne als Bezeichnung für einen Zustand großer Unordnung, etwa im Kinderzimmer, gebraucht.

Tora

Tora (hebr. = Gesetz, Weisung, Lehre) ist im Judentum die Buchrolle, die die fünf Bücher → Mose (auch Pentateuch ge-

nannt) enthält. Sie wird in einem Schrein oder einer Nische in der → Synagoge aufbewahrt. Aus der Buchrolle wird in den Gottesdiensten am Sabbat vorgelesen. Auch Jesus hat dies in der Synagoge getan. Einmal im Jahr feiern die jüdischen Gemeinden ein fröhliches Fest zu Ehren der Tora. Es heißt „Simhat Tora" und bedeutet „Freude am Gesetz".

Trinität → Dreifaltiger
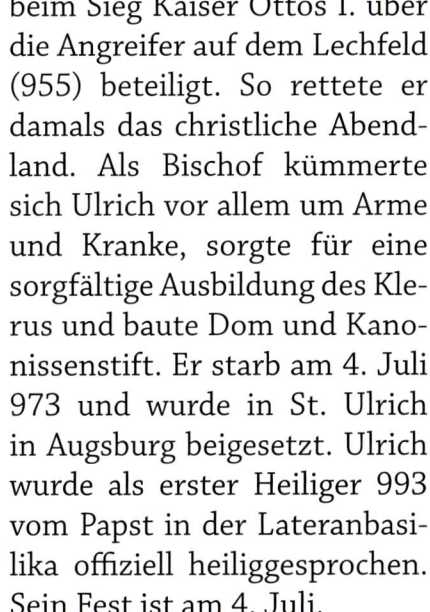

Gott, → Dreifaltigkeitsfest

U

Ulrich von Augsburg

Ulrich wurde 890 in Augsburg geboren und in der Klosterschule der Benediktiner in St. Gallen erzogen. Er trat aber nicht als Mönch ein, sondern wurde Kämmerer des Augsburger Bischofs Adalbero, seines Onkels. Ulrich empfing in Augsburg die Priesterweihe und wurde mit 33 Jahren nach dem Tod seines Onkels neuer Bischof von Augsburg. Er leitete den Widerstand der Bevölkerung beim Angriff der Hunnen auf die Stadt und war beim Sieg Kaiser Ottos I. über die Angreifer auf dem Lechfeld (955) beteiligt. So rettete er damals das christliche Abendland. Als Bischof kümmerte sich Ulrich vor allem um Arme und Kranke, sorgte für eine sorgfältige Ausbildung des Klerus und baute Dom und Kanonissenstift. Er starb am 4. Juli 973 und wurde in St. Ulrich in Augsburg beigesetzt. Ulrich wurde als erster Heiliger 993 vom Papst in der Lateranbasilika offiziell heiliggesprochen. Sein Fest ist am 4. Juli.

Umkehr

Alle Menschen machen Fehler, Erwachsene und Kinder. Wir verlassen den guten Weg, den uns Gott gezeigt hat, beispielsweise in den → Zehn Geboten. Wenn wir dies erkennen, ist es wichtig umzukehren. Das heißt, wir müssen den Mut haben, es zuzugeben. Wir müssen Gott sagen: „Es tut mir leid, was ich angestellt habe." Wenn wir das tun, dann verzeiht uns Gott. Denn er liebt uns (→ Bußsakrament). Umgekehrt ist auch der jüngere Sohn in der biblischen Geschichte vom gütigen Vater (Lukasevangelium 15,11-24). Als der Sohn das Geld, das ihm der Vater gegeben hatte, verjubelt hatte, ging er reumütig zu seinem Vater zurück und sagte: „Vater, ich habe viel Böses getan. Ich bin nicht wert, dass du Sohn zu mir sagst." Der Vater umarmte vor Freude seinen Sohn und verzieh ihm. So macht es auch Gott mit uns, wenn wir etwas angestellt haben (→ Sünde). Er lässt uns nicht im Stich.

„Urbi et orbi"

„Urbi et orbi" ist ein Segen, den der → Papst zweimal im Jahr spendet: an → Weihnachten und → Ostern. Er segnet damit die Stadt Rom (lat. urbs) und den Erdkreis (lat. orbs), das heißt die ganze Welt.

Ursula, heilige

Im unteren Teil des Kölner Stadtwappens sind 11 kleine Flammen angebracht. Sie erinnern an die heilige Ursula. Die Heilige, eine britische Königstochter, soll der Legende nach mit zehn Gefährtinnen um 453 von den Hunnen, die damals unter ihrem König Attila Köln belagerten, durch Pfeil und Bogen getötet worden sein. Ihr Namensfest feiert die Kirche am 21. Oktober.

Valentin, heiliger

Am 14. Februar ist das Fest des heiligen Valentin. Der Brauch, einem lieben Menschen an diesem Tag etwas zu schenken, leitet sich aus der Lebensgeschichte des Heiligen her. Valentin soll im 3. Jahrhundert in Rom junge Paare mit bunten Blumensträußchen aus seinem Klostergarten beschenkt haben. Römischen Männern soll er dazu geraten haben, lieber bei ihrer Frau zu bleiben, als in den Krieg zu ziehen. Am 14. Februar 269 wurde Valentin deshalb unter Kaiser Claudius II. hingerichtet. Seit dem späten 14. Jahrhundert gilt der Valentinstag in England und Frankreich als „Tag der Verliebten". In Deutschland kamen Valentinsgrüße erst nach dem Zweiten Weltkrieg in Mode. Heute wird der Valentinstag besonders in den USA und den angelsächsischen Ländern gefeiert.

Vaterunser

Eines Tages sagten die → Jünger zu → Jesus: „Meister, wir möchten auch so beten können wie du! Sag uns doch, wie das geht! Bitte, lehre uns beten!" Daraufhin brachte Jesus den Jüngern das Vaterunser bei. Weil das Gebet von Jesus selber stammt, wird es auch das „Gebet des Herrn" genannt. Das Vaterunser lautet wie folgt: „Vater unser im Himmel, geheiligt werde dein Name. Dein Wille geschehe, wie im Himmel so auf Erden. Unser tägliches Brot gib uns heute. Und vergib uns unsere Schuld, wie auch wir vergeben unsern Schuldigern. Und führe uns nicht in Versuchung, sondern erlöse von dem Bösen. Denn dein ist das Reich und die Kraft und die Herrlichkeit in Ewigkeit. Amen." (Vgl. Lukasevangelium 11,1-4; Matthäusevangelium 6,9-13) Das Vaterunser ist unser schönstes und kostbarstes Gebet. Jeder Christ sollte es auswendig kennen und regelmäßig beten.

Vatikan(staat)

Der Vatikanstaat (oder die Vatikanstadt) ist ein selbständiger Stadtstaat im Westen Roms und umfasst ca. 0,44 Quadratkilometer (das sind 44 Hektar). An der Spitze des Staates steht der → Papst. Zum Territorium gehören u. a. der Petersdom, der Petersplatz, der Vatikanpalast und die Vatikanischen Gärten. Im Vatikan leben etwa tausend Menschen.

Velum

Das Velum (Schultervelum) ist ein breites Tuch, das dem Priester oder Diakon um die Schulter gelegt wird, wenn er die → Monstranz anfasst und den Gläubigen den feierlichen Segen erteilt. Dabei wird die Monstranz nicht direkt mit den Händen angefasst, sondern mit den im Velum eingelassenen Stofftaschen.

Neben dem Schultervelum gibt es noch das Kelchvelum, mit dem der Messkelch bedeckt ist, bis er auf den Altar gestellt wird. Es besteht aus dem gleichen Stoff wie das Messgewand.

Vergebung

Vergebung ist etwas ganz Wichtiges in der Botschaft Jesu. Er hat uns eingeladen, „nicht siebenmal, sondern siebenundsiebzigmal" (Matthäus 18,22) zu vergeben. Als → Jesus am → Kreuz zu seinem Vater betete, dachte er auch an die, die seinen Tod gefordert hatten: „Vater, vergib ihnen, denn sie wissen nicht, was sie tun" (Lukas 23,34). Gott will, dass wir einander verzeihen, dass wir zueinander gut sind. Wenn wir daran denken, dass Gott uns immer verzeiht, dann fällt es uns auch leichter, anderen zu verzeihen.

Veronika, heilige

Veronika war eine der Frauen, die → Jesus auf seinem Kreuzweg folgten und beweinten (Lukas 23,27). Sie reichte Jesus, der das schwere Kreuz zum Berg → Golgota trug, ein weißes Tuch. Damit konnte er sein Blut und seinen Schweiß abwischen. Als Veronika das Tuch auseinander faltete, sah sie darin das Gesicht Jesu abgebildet. Diese Legende wird seit dem 4. Jahrhundert erzählt. Noch heute ist Veronikas gute Tat zentraler Bestandteil der sechsten Station des Kreuzweges. Ihr Schweißtuch wird in Rom aufbewahrt. Schon mehrfach wurde das Tuch wissenschaftlich auf seine Echtheit untersucht. Das Fest der heiligen Veronika feiert die Kirche am 4. Februar.

Vesper

Vesper heißt das Abendgebet der Kirche. In der kirchlichen Vesper werden Lieder gesungen, → Psalmen gebetet und Texte aus der → Bibel vorgetragen (und eventuell gedeutet). Das katholische Gebet- und Gesangbuch „Gotteslob" enthält Vespern für die verschiedenen Zeiten des Kirchenjahres. – Manchmal bezeichnet man mit „Vesper" auch eine kleine Mahlzeit am Nachmittag oder Abend.

Vigil

Vigil (lat. vigilia = Nachtwache) ist die nächtliche Wache vor einem großen kirchlichen Fest oder außerordentlichen Ereignis mit Schriftlesung, Gesang und Gebet. Der Brauch der Nachtwache, etwa vor dem Ostersonntag, geht bis in die frühe Kirche zurück.

Vikar

Vikar (lat. vicarius = Stellvertreter) ist die Bezeichnung für einen → Priester, der einem → Pfarrer bei der Leitung einer Gemeinde hilft. Andere, nach Gegend unterschiedliche Bezeichnungen sind Kaplan, Kooperator, Pfarrvertreter u. a.

Vinzenz von Paul

Vinzenz, der Sohn einfacher Bauern, wurde 1581 in Frankreich geboren. Die Zeit war damals wirr und unruhig. Trotzdem konnte er studieren und Priester werden. Seine ganze Liebe galt den Armen und Ausgestoßenen. Vinzenz kümmerte sich besonders um Waisenkinder. Diese Kinder waren von ihren Eltern im Stich gelassen worden. Für sie baute und kaufte er Häuser. Weiter errichtete Vinzenz Krankenhäu-

ser, Suppenküchen und Altersheime. Gute Menschen halfen ihm dabei. Später gründete er den Orden der Vinzentinerinnen, der sich den Werken der christlichen Nächstenliebe widmete. Vinzenz starb im Jahre 1660 in Paris. 1737 wurde er heiliggesprochen. 1886 ernannte ihn Papst Leo XIII. zum Patron der christlichen → Caritas. Ein Satz von ihm, der sein ganzes Wesen kennzeichnete, lautet: „Wenn wir alles für unsern Herrn hergegeben haben und nichts mehr zu schenken übrig bleibt, dann legen wir den Schlüssel unter die Türe und wandern still davon." Das Fest des Heiligen ist am 27. September.

Votivbild

Ein Votivbild ist ein kleines Bild oder eine kleine Tafel mit der Abbildung eines → Heiligen, das oft an der Wand einer Wallfahrtskirche hängt. Das Wort kommt vom lateinischen votum = Gelübde, Wunsch. Gläubige stiften das Votivbild wegen eines Gelübdes oder als Dank für eine erhaltene Hilfe. Votivbilder spielen seit dem 17. Jahrhundert eine große Rolle, vor allem in Bayern und Österreich.

Wallfahrt

Die Wallfahrt ist ein Gang oder eine Reise vieler Menschen zu heiligen Stätten, um hier Gottes Nähe in besonderer Weise zu erfahren. Das können biblische Orte sein, an denen → Jesus gelebt, gewirkt und gestorben ist (Betlehem, Jerusalem), Orte mit den Grabstätten von Heiligen (Rom, Tours, Santiago de Compostela) oder Orte mit „Gnadenbildern" der Gottesmutter → Maria (Kevelaer, Lourdes, Tschenstochau). Menschen in Not pilgern dorthin und bitten um Hilfe in ihren Anliegen. An vielen heiligen Stätten sind schon große → Wunder geschehen. Menschen, die früher krank waren, sind plötzlich wieder gesund geworden. Durch ihr inniges Gebet zu Jesus, den Heiligen und zur Muttergottes ist ihnen in ihren Sorgen geholfen worden.

Weihe

Die Weihe ist ein → Ritus, durch den Personen oder Gegenstände in den Dienst Gottes gestellt und mit besonderen Aufgaben bzw. Vollmachten betraut werden (→ Priesterweihe). Das Wort „Weihe" kommt von althochdeutschen wih = heilig.

Weihnachten

Weihnachten (ahd. wihe nacht = Heilige Nacht) ist nach → Ostern das zweithöchste Fest des Kirchenjahres. Wir erinnern uns daran, was vor über 2000 Jahren in → Betlehem geschehen ist: → Jesus wurde geboren. Nach dem Bericht des Evangelisten Lukas waren es Hirten, die zuerst Nachricht von der Geburt Jesu erhielten. Ihnen verkündete ein → Engel die frohe Botschaft: „Fürchtet euch nicht! Heute ist der Retter geboren, der Herr!" Die Hirten eilten voll Freude zum Stall und beteten das Kind an (Lukas 2,8-20). Christen feiern das Weihnachtsfest seit dem 4. Jahrhundert. Die orthodoxen Christen feiern Weihnachten nicht am 25. Dezember, sondern am 6. Januar.

Weihnachtsbaum

Der Weihnachts- oder Christbaum ist ein mit → Kerzen beleuchteter und oft festlich geschmückter Nadelbaum, der zur Weihnachtszeit in Häusern

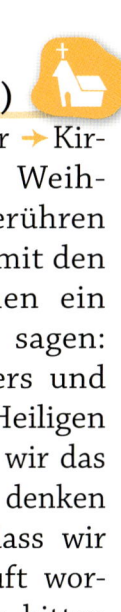

und auf öffentlichen Plätzen aufgestellt wird. Der Brauch kam im Elsass und Schwarzwald um das Jahr 1509 zum ersten Mal auf. Ab dem 18. Jahrhundert war der Baum zunächst für evangelische Familien ein wichtiger Bestandteil des Weihnachtsfestes. Im 19. Jahrhundert hielt dann der Brauch auch in katholischen Gebieten Einzug. Für Christen ist das Grün des Weihnachtsbaumes ein Zeichen der Hoffnung auf neues Leben mitten im Winter. Die brennenden Kerzen wollen den Glauben an → Jesus als das „Licht der Welt" versinnbildlichen.

Weihrauch

Bei festlichen Gottesdiensten verwendet der → Priester Weihrauch. Weihrauch ist aus Körnern wertvoller Harze zusammengesetzt. Wenn er in einem Rauchfass (ein schwenkbarer Metallbehälter) auf glühende Kohlen gelegt wird, entsteht ein herrlicher Duft. Mit dem Weihrauchduft will der Priester

→ Gott ehren. Deshalb beräuchert er den Altar und das Kreuz, die Heilige Schrift, den Leib und das Blut Jesu bei der Wandlung und das heilige Brot in der → Monstranz. Früher wurde auch dem Kaiser Weihrauch gespendet. Die wohlriechenden Weihrauchwolken steigen aus dem Rauchfass in die Höhe des Gotteshauses empor. Das kann ein Bild für unser Tun sein. Wie der Weihrauch aufsteigt, so soll auch unser Gebet und Gesang, unser Lob und Dank zu Gott emporsteigen und ihm gefallen. Bereits im Alten Testament und in den heidnischen Religionen wurde Weihrauch zu kultischen Zwecken benutzt. Das Weihrauchopfer war Zeichen der Anbetung. Die drei Weisen aus dem Morgenland beschenkten das Jesuskind in der Krippe nicht

nur mit Gold und Myrrhe, sondern auch mit Weihrauch.

Weihwasser(becken)

Gleich am Eingang zur → Kirche sehen wir das Weihwasserbecken. Wir berühren das geweihte Wasser mit den Fingerspitzen, machen ein → Kreuzzeichen und sagen: „Im Namen des Vaters und des Sohnes und des Heiligen Geistes. Amen." Wenn wir das Weihwasser berühren, denken wir dankbar daran, dass wir mit Weihwasser getauft worden sind. Gleichzeitig bitten wir Gott, dass wir jetzt mit reinem Herzen die Kirche betreten dürfen. Manchmal beginnt die heilige → Messe mit einem Taufgedächtnis. Dann geht der Priester durch die Reihen und besprengt alle mit Weihwasser. Bevor wir dann die Kirche verlassen, machen wir wieder mit dem geweihten Wasser ein Kreuzzeichen. Viele Menschen haben auch zu Hause ein kleines Weihwasserbecken. Das kann zum Beispiel in der Nähe der Haustür hängen oder im Schlafzimmer. Manche Eltern segnen ihre Kinder mit geweihtem Wasser, wenn diese aus dem Haus gehen oder am Abend einschlafen.

Weinstock

Der Weinstock – schon 3000 v. Chr. im Nahen Osten gepflanzt – schickt aus seinen Wurzeln den Lebenssaft in jede einzelne Rebe. Er sorgt dafür, dass schöne Trauben wachsen können, aus denen dann der Winzer den Wein macht. Der Weinstock ist auch ein Symbol für → Jesus Christus. Er hat einmal zu seinen Jüngern gesagt: „Ich bin der Weinstock, ihr seid die Reben" (Johannes 15,5). Das gilt auch für uns. Seit unserer → Taufe sind wir eine Rebe, die mit dem Weinstock Jesus verbunden ist. Nur in Verbindung mit Jesus können wir leben und Frucht bringen. Jesus weist ausdrücklich darauf hin, wenn er sagt: „Wie eine Rebe aus sich keine Frucht bringen kann, sondern nur, wenn sie am Weinstock bleibt, so könnt auch ihr keine Frucht bringen, wenn ihr nicht in mir bleibt" (Johannes 15,4).

Weißer Sonntag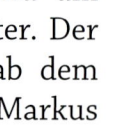

Der Weiße Sonntag ist der erste Sonntag nach → Ostern und der feierliche Abschluss der Osterwoche. In vielen Gemeinden wird an diesem Tag das Fest der ersten heiligen Kommunion gefeiert. Dieser Termin für die → Erstkommunion wird erstmals im 17. Jahrhundert erwähnt. Der Weiße Sonntag hat seinen Namen aus einem ganz bestimmten Grund: In der frühen Kirche wurde man in der Regel nicht als Kind getauft, sondern als Erwachsener. Man musste sich lange auf die → Taufe vorbereiten. Die Taufe fand dann am Osterfest statt. Die Täuflinge trugen eine Woche lang weiße Kleider – bis zum Sonntag nach Ostern, der davon seinen Namen (Weißer Sonntag) hat.

Weltjugendtag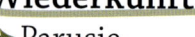

Der Weltjugendtag ist ein Treffen der katholischen Jugendlichen der Welt, um miteinander und im Zusammentreffen mit dem → Papst ihren Glauben zu bezeugen. Er findet in der Regel alle drei Jahre statt, zum Beispiel 2005 in Köln und 2008 in Sydney (Australien). Als Motto liegt dem Weltjugendtag ein Bibelvers zugrunde: „Ihr werdet die Kraft des Heiligen Geistes empfangen, der auf euch herabkommen wird; und ihr werdet meine Zeugen sein!" (Apostelgeschichte 1,8). Jesus sagte diese Sätze damals den Aposteln – und heute uns –, bevor er in den Himmel auffuhr.

Wettersegen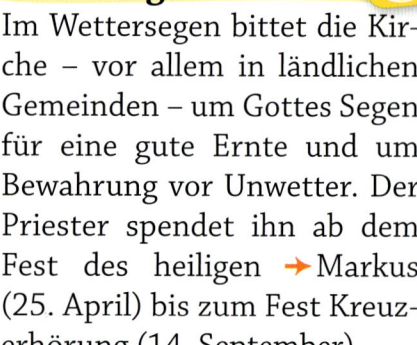

Im Wettersegen bittet die Kirche – vor allem in ländlichen Gemeinden – um Gottes Segen für eine gute Ernte und um Bewahrung vor Unwetter. Der Priester spendet ihn ab dem Fest des heiligen → Markus (25. April) bis zum Fest Kreuzerhörung (14. September).

Wiederkunft Christi

→ Parusie

Wolfgang, heiliger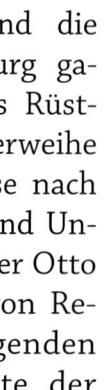

Wolfgang, einer der volkstümlichsten Heiligen in Deutschland, wurde um 924 im schwäbischen Pfullingen als Sohn armer Eltern geboren. Die berühmte Klosterschule Reichenau (Bodensee) und die Domschule in Würzburg gaben ihm sein geistiges Rüstzeug. Nach der Priesterweihe und einer Missionsreise nach Norikum, Pannonien und Ungarn ernannte ihn Kaiser Otto II. 972 zum Bischof von Regensburg. In den folgenden 22 Jahren entwickelte der Bischof eine überaus segensreiche Tätigkeit. Auf einer Reise starb Wolfgang im oberösterreichischen Pupping, das dadurch zu einem Wallfahrtsort wurde. Seine letzte Ruhestätte fand er in dem von ihm geliebten Kloster Emmeran in Regensburg. Dargestellt wird er meist als Bischof mit Mitra und Kirchenmodell. Das Bild von Sankt Wolfgang wurde in früheren Zeiten zum Schutz an den Stalltüren angebracht. Das Fest des Heiligen ist am 31. Oktober.

Wortgottesdienst

Mit Wortgottesdienst ist der erste Hauptteil der heiligen → Messe gemeint. Im Mittelpunkt steht das in der Bibel überlieferte Wort Gottes. Der Wortgottesdienst findet am → Ambo (Lesepult) statt und ist in kleinere Sinnabschnitte unterteilt: Erste Lesung, Antwortpsalm, Zweite Lesung, Hallelujaruf, Evangelium, Predigt, Credo (Glaubensbekenntnis), Fürbitten.

Unter Wortgottesdienst versteht man auch einen eigenständigen Gottesdienst, der sich in seinem Aufbau an den in der heiligen Messe anlehnt. Er wird meistens durch beauftragte Laien in kleinen priesterlosen Gemeinden als Sonntagsgottesdienst gehalten, oft verbunden mit einer Kommunionfeier.

Wunder

Ein Wunder ist ein aufsehenerregendes Geschehen, das mit naturwissenschaftlichen Mitteln nicht erklärt werden kann. Es dient als Hinweis auf Gottes wunderbares Wirken in dieser Welt. In der Bibel (im Alten und im Neuen Testament) ist von vielen Wundern die Rede. → Jesus wirkte sein erstes Wunder in Kana, einem kleinen Dorf in → Galiläa, wo er auf einer Hochzeit Wasser in Wein verwandelte (Johannes 2,1-11). Die Kirche setzt strenge Maßstäbe an, bis sie mithilfe vieler Fachleute und Gutachter ein wunderbares Ereignis als Wunder anerkennt. So sind zum Beispiel von den fast 5000 Wunderheilungen, die im Marienwallfahrtsort Lourdes bekannt geworden sind, nur gegen 60 Heilungen als Wunder anerkannt worden.

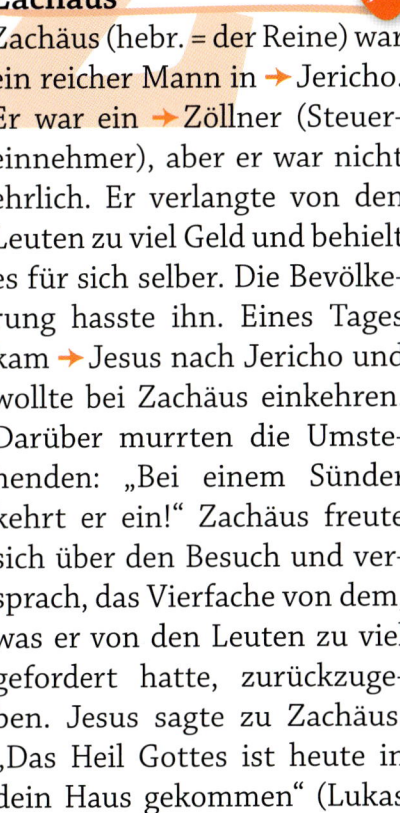

Zachäus

Zachäus (hebr. = der Reine) war ein reicher Mann in → Jericho. Er war ein → Zöllner (Steuereinnehmer), aber er war nicht ehrlich. Er verlangte von den Leuten zu viel Geld und behielt es für sich selber. Die Bevölkerung hasste ihn. Eines Tages kam → Jesus nach Jericho und wollte bei Zachäus einkehren. Darüber murrten die Umstehenden: „Bei einem Sünder kehrt er ein!" Zachäus freute sich über den Besuch und versprach, das Vierfache von dem, was er von den Leuten zu viel gefordert hatte, zurückzugeben. Jesus sagte zu Zachäus: „Das Heil Gottes ist heute in dein Haus gekommen" (Lukas 19,1-10).

Zahlen (als Symbol)

Manche Zahlen verbinden wir mit bestimmten Eigenschaften. Sie sind Symbole, also Zeichen und Bilder, die etwas verdeutlichen wollen.

Die *Zahl drei* zum Beispiel ist ein Zeichen für Einheit, für etwas Abgerundetes und Vollkommenes. „Aller guten Dinge sind drei", sagt der Volksmund. Der heilige Patrick, ein Missionar in Irland, sah in einem normalen dreiblättrigen Kleeblatt ein Symbol für die Heilige Dreifaltigkeit (von Gott Vater, Sohn und Heiligem Geist).

Die *Zahl sieben* ist ein Zeichen der Vollkommenheit: Die Woche hat sieben Tage, die Tonleiter sieben Töne, der Regenbogen sieben Farben. Und die Kirche kennt sieben → Sakramente, die uns Gottes Nähe spüren lassen: Taufe, Firmung, Eucharistie, Buße, Krankensalbung, Priesterweihe, Ehe.

Die *Zahl 12* steht für Ordnung: Das Volk → Israel bestand aus 12 Stämmen. Das Jahr besteht aus 12 Monaten. Und Jesus hat aus seinen Jüngern 12 besonders ausgewählt, die → Apostel. Sie haben ihn begleitet und nach seinem Tod seine Botschaft in die Welt hineingetragen.

Die *Zahl 40* ist ein Zeichen des Übergangs: Vierzig Jahre zogen die Israeliten durch die Wüste, bis sie das Gelobte Land erreichten. Vierzig Tage fastete und betete Jesus in der Wüste. Und vierzig Tage bereiten sich die Christen in der → Fastenzeit auf das Osterfest vor.

Zehn Gebote

Die Zehn Gebote erhielt → Mose von Gott auf dem Berg → Sinai bzw. Horeb, als die Israeliten auf der Wanderung von Ägypten nach Kanaan waren. Sie sind uns im Alten Testament mit geringfügigen Unterschieden doppelt überliefert: Exodus 20,1-17 und Deuteronomium 5,6-21. Die ersten drei Gebote bestimmen das rechte Verhältnis des Menschen zu Gott, das vierte bis zehnte Gebot beschreibt den Umgang der Menschen miteinander. Die Zehn Gebote sind weniger eine Liste mit Verboten, sondern eher eine Art Wegweiser für ein gutes und glückliches Leben mit Gott und den Menschen. Sie lassen sich zusammenfassen in dem wichtigsten Gebot Gottes: „Du sollst den Herrn, deinen Gott, lieben mit ganzem Herzen ... und deinen Nächsten sollst du lieben wie dich selbst" (Lukas 10,27).

Zelebrant

Aus der lateinischen Sprache übersetzt bedeutet das Wort „zelebrieren": feierlich begehen. Zelebranten sind diejenigen, die den Gottesdienst leiten, also der → Priester und der → Diakon, manchmal sogar der → Bischof. Sie stehen den heiligen Feiern vor, den Spendungen der Sakramente und den Andachten.

Zentralkomitee der deutschen Katholiken (ZdK)

Das Zentralkomitee der deutschen Katholiken ist ein Zusammenschluss katholischer Laien in Deutschland mit Sitz in Bonn-Bad Godesberg. Es nimmt Stellung zu wichtigen aktuellen Themen aus Politik, Gesellschaft und Kirche und organisiert die Katholikentage.

Ziborium

Das Ziborium (lat. ciborium = Becher) ist ein größeres, kelchähnliches Gefäß, in dem die geweihten Hostien aufbewahrt werden. Ursprünglich war das Gefäß eine mit einem

Deckel versehene Büchse, nahm dann aber im Laufe der Zeit immer mehr eine Kelchform an. Das Ziborium wird auch als Speisekelch bezeichnet (→ Kelch) und hat seinen Platz im → Tabernakel.

Zingulum

Zingulum (lat. cingulum = Gürtel) ist der weiße Gürtel, mit dem die → Albe, das liturgische Untergewand des Priesters, zusammengehalten wird (→ Kleidung, liturgische).

Zölibat

Der Zölibat ist die Verpflichtung eines katholischen → Priesters zu einem ehelosen Leben. Das war in der Kirche nicht immer so. In den ersten drei Jahrhunderten waren verheiratete Priester etwas ganz Normales. Erst im vierten Jahrhundert entschied sich die Kirche, den Zölibat für alle Priester zur Pflicht zu machen. Auch danach dauerte es noch mehrere Jahrhunderte, bis rechtlich eindeutig geregelt

war, dass Priester unverheiratet sein mussten. Die bewusste Ehelosigkeit der Priester ist ein Zeichen dafür, dass sie ihr Herz ganz allein → Gott schenken möchten. Da der Pflichtzölibat aber ein kirchliches Gesetz ist, könnte es vom → Papst auch wieder abgeschafft werden.

Zöllner

Die Zöllner waren zur Zeit Jesu eine Berufsgruppe, die von vielen Juden verachtet wurde. Sie kassierten für die römischen Behörden den Zoll, verlangten aber von den Juden mehr Geld, als festgesetzt war. Sie galten beim Volk als Betrüger und wurden wie Sünder, Dirnen und Heiden verurteilt (Matthäus 9,10-11). Dass sich → Jesus mit Zöllnern an einen Tisch setzte, zum Beispiel mit dem Zöllner → Zachäus, wurde ihm besonders übel genommen (Lukas 19,1-10). Den Zöllner → Matthäus, auch Levi genannt, machte er sogar zu seinem Jünger (Matthäus 9,9-13).

Zwischengesang

Der Zwischengesang ist ein Lied oder Psalmengesang nach der Lesung und vor dem Evangelium der heiligen → Messe. Er ist die Antwort auf das zuvor gehörte Wort Gottes. Oft werden im Zwischengesang von einem → Kantor Psalmverse vorgesungen, die dann von der versammelten Gemeinde (teilweise) nachgesungen werden.

Stichwortverzeichnis

Stichwortverzeichnis

Autor

Reinhard Abeln,
Referent in der Erwach-
senenbildung. Zahlreiche
Veröffentlichungen mit
dem Schwerpunkt religi-
öse Kinderbücher.

Impressum

www.bibelwerk.de

ISBN 978-3-460-32606-4

Alle Rechte vorbehalten

© 2011 Verlag Katho-
lisches Bibelwerk GmbH,
Stuttgart

2. Auflage 2012

Für die Texte aus der
Einheitsübersetzung der
Heiligen Schrift
© 1980 Katholische Bibel-
anstalt GmbH, Stuttgart

Gesamtgestaltung:
westerdick grafik design,
Eva-Maria Hamann,
Mülheim a. d. Ruhr
Illustrationen:
Patrick Gladt, Essen

Druck und Bindung
in Europa